Polígono Lintzirin-Gaina, Parcela B-3
20180 OYARZUN (Guipúzcoa)
ESPAÑA
Impreso en España

MÁS DE 365 PORQUÉS

INDICE

1. Explorando el firmamento 9

Las estrellas brillan de noche, el cielo es de color azul y las nubes corren veloces. ¿Sabes por qué?

2. Conociendo el mundo 19

Hay montañas que son inmensas, el arco iris tiene siete colores y en verano no nieva. ¿Sabes por qué?

3. Los animales 33

Los peces no sienten frío en el agua, la tortuga lleva su casa a cuestas y los gatos ronronean. ¿Sabes por qué?

4. Las plantas 55

Las ortigas pican, las hojas cambian de color en otoño y hay flores que huelen muy bien. ¿Sabes por qué?

5. En casa 65

El agua apaga el fuego, el pan se pone duro y el congelador hace cubitos. ¿Sabes por qué?

6. Las costumbres 77

Los bomberos hacen sonar la sirena, los niños van al colegio y las marionetas se mueven. ¿Sabes por qué?

7. Así somos 93

Todos tenemos ombligo, lloramos si estamos tristes y comemos varias veces al día. ¿Sabes por qué?

8. Educación 107

Nos lavamos las manos antes de comer, a veces nos ponemos enfermos y tiritamos con el frío. ¿Sabes por qué?

9. Curiosidades 117

Algunas puertas se abren solas, nos gustan las pompas de jabón y nuestra sombra nos sigue. ¿Sabes por qué?

10. Saber más 129

El fuego nos quema, los imanes atraen a los alfileres y el agua echa humo al hervir. ¿Sabes por qué?

1 EXPLORANDO EL FIRMAMENTO

Las estrellas brillan de noche,
el cielo es de color azul y
las nubes corren veloces.
¿Sabes por qué?

1. ¿Por qué se ve el Sol en todos los países?

El Sol se ve en todos los países, pero no al mismo tiempo. La Tierra es como una pelota gigante que gira alrededor de otra, el Sol. Al pasar por delante de él, cada país va recibiendo la luz del día.

2. ¿Por qué hay horas distintas en distintos países?

La hora depende de la posición del Sol. La Tierra gira y los países van pasando uno tras otro por delante del Sol. Mientras amanece en unos países, en otros es casi mediodía y en otros todavía es de noche.

3. ¿Por qué no brilla el Sol de noche?

Si brillara el Sol, ¡no sería de noche, sino de día! Como la Tierra gira sobre sí misma, el Sol va iluminando una parte mientras la otra se queda sin luz.

4. ¿Por qué tiene siete días la semana?

La Luna tarda unos veintiocho días en girar alrededor de la Tierra. Y en ese tiempo la vemos de cuatro formas distintas: luna nueva, cuarto creciente, luna llena y cuarto menguante. Si dividimos 28 entre 4, obtenemos 7 días o una semana.

5. ¿Por qué tiene doce meses el año?

La Tierra tarda un año en dar una vuelta completa alrededor del Sol. Y en ese año, la Luna da doce vueltas alrededor de la Tierra. Un mes sería, aproximadamente, lo que tarda la Luna en dar una vuelta alrededor de la Tierra.

6. ¿POR QUÉ SOPLA EL VIENTO?

El viento es una corriente de aire que se desplaza con más o menos velocidad. Cuando en un lugar se eleva el aire caliente, el frío ocupa su sitio y, con ello, produce una corriente.

8. ¿POR QUÉ LLUEVE?

En todas las nubes hay pequeñas gotas de agua que, a veces, se juntan en gotas más grandes. Cuando estas gotas de agua son demasiado pesadas, caen de las nubes... ¡y llueve!

7. ¿POR QUÉ CORREN LAS NUBES?

Las nubes se mueven porque el viento las empuja. A veces, en tierra firme, no sentimos ese viento, que sopla a mucha más altura, ¡en las nubes!

9. ¿QUÉ ES LA NIEBLA?

La niebla es una nube espesa, cercana al suelo, que parece envolverlo todo y nos dificulta la visibilidad.
Está formada por un sinfín de gotitas de agua.

10. ¿POR QUÉ SE ESCONDE LA LUNA TRAS LAS NUBES?

En realidad no se esconde, pues está sobre ellas, muy, muy lejos.
Pero a veces las nubes pasan entre la Luna y nosotros e impiden que podamos verla bien.

11. ¿POR QUÉ NOS ACOMPAÑA LA LUNA CUANDO ANDAMOS?

La Luna no nos sigue.
Parece inmóvil cuando nosotros nos movemos porque es muy grande y está muy lejos, sobre la Tierra.

12. ¿Por qué la Luna no es siempre redonda?

Cuando vemos la Luna desde la Tierra es porque está iluminada por los rayos del Sol. Pero sólo ilumina una parte de la Luna, la que nosotros vemos.

13. ¿Por qué brillan las estrellas?

Una estrella es un sol que arde, como el nuestro, y produce calor y luz. Pero como las estrellas están mucho más lejos que nuestro Sol, nos parecen muy pequeñas y sólo vemos su brillo.

14. ¿Por qué no brillan las estrellas durante el día?

Las estrellas siempre están en el cielo. Pero de día no podemos verlas porque la luz del Sol es mucho más intensa que la suya.

15. ¿Por qué se mantiene la Tierra en el espacio?

En el cielo hay millones de astros, soles y planetas más grandes que nuestra enorme Tierra. Y aunque están lejos unos de otros, se atraen y se repelen de manera que quedan en equilibrio. ¡Por eso la Tierra parece estar flotando en el espacio!

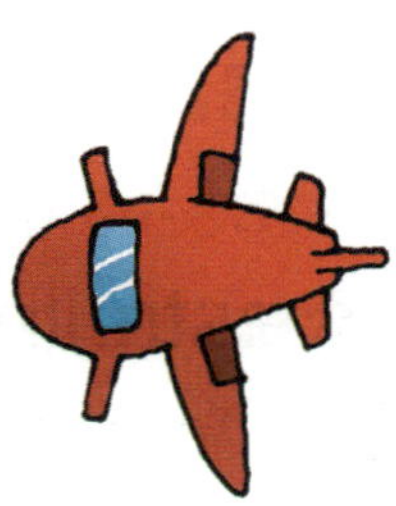

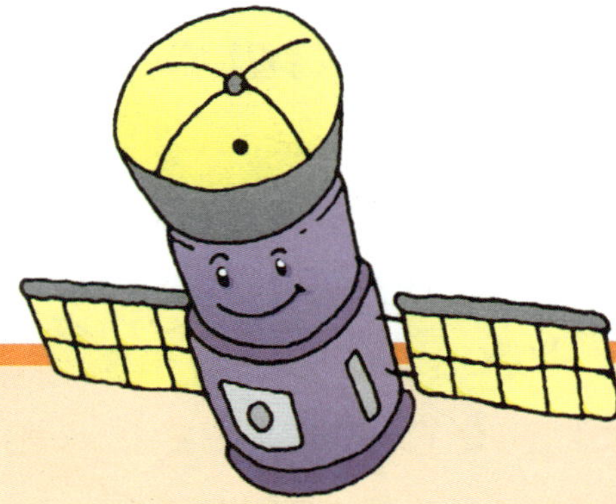

16. ¿Por qué los satélites artificiales no caen sobre la Tierra?

Los satélites se lanzan con tanta potencia que llegan muy lejos sobre la Tierra. Y allí, ya no los atrae la fuerza que proviene del centro de la Tierra y que conocemos como "gravedad".

17. ¿Por qué es azul el cielo?

La luz del Sol está formada por los siete colores del arco iris. El aire que rodea la Tierra filtra la luz, pero deja pasar los rayos azules de un modo especial.

18. ¿Por qué usamos gafas oscuras cuando hace sol?

Las usamos para protegernos de los rayos ultravioletas que forman parte de la luz solar. Estos rayos pueden provocar insolaciones y dañar los ojos.

19. ¿Por qué no llegan los aviones a la Luna?

Los aviones no tienen ni la forma ni la potencia necesarias para alejarse de la Tierra. Para llegar a la Luna se necesitan naves especiales.

20. ¿Por qué vuelan los aviones?

Vuelan gracias a su forma y a la potencia de sus motores. Sus alas se apoyan en el aire mientras sus hélices giran muy deprisa y los arrastran, o su motor de reacción los impulsa con fuerza.

21. ¿Cómo se pilotan los aviones?

En el cielo, los aviones son dirigidos por los pilotos, que pueden consultar mapas, seguir una dirección exacta o, también, guiarse por el paisaje.

22. ¿Por qué vuelan en círculo los aviones antes de aterrizar?

Antes de aterrizar, si hay mucho tráfico aéreo, los aviones dan unas vueltas esperando su turno y siguiendo las instrucciones que reciben desde la torre de control.

23. ¿Por qué algunos aviones pueden amerizar?

Normalmente, los aviones cuentan con grandes ruedas para poder despegar y aterrizar. Pero cuando en lugar de las ruedas tienen flotadores, se deslizan sobre el agua sin dificultad y se conocen como "hidroaviones".

24. ¿Por qué tiene aspas el helicóptero?

La hélice que se encuentra en la parte superior del aparato gira con tanta potencia que lo levanta del suelo y lo mantiene en el aire. Regulando la velocidad de esta hélice, incluso se puede mantener el helicóptero inmóvil en pleno vuelo.

2 Conociendo el mundo

Hay montañas que son inmensas, el arco iris tiene siete colores y en verano no nieva. ¿Sabes por qué?

25. ¿POR QUÉ HAY MONTAÑAS?

Con el paso del tiempo, la superficie de la Tierra se ha arrugado y plegado, dando así origen a los valles, por los que discurren los ríos, a las grandes montañas y a las pequeñas colinas.

26. ¿CÓMO FUNCIONA UN TELEFÉRICO?

En el teleférico, la cabina está sujeta a dos ruedas que se mueven sobre un cable muy sólido, inclinado y dispuesto entre dos puntos de la montaña situados a diferente altura. Y un cable que se enrolla alrededor de un torno movido por un motor arrastra las dos ruedas.

27. ¿POR QUÉ NO SE DERRITE LA NIEVE EN VERANO EN LA ALTA MONTAÑA?

A pesar del calor del verano, en las partes más altas de las montañas hace mucho frío.
Y cuanto más alta es la montaña, más nieve se acumula.

28. ¿POR QUÉ ECHAN FUEGO LOS VOLCANES?

Un volcán es una formación geológica en la que se ha creado una gran fisura en la tierra, por la que sale con violencia una materia que parece fuego líquido, la lava. Esta sube desde las profundidades de la tierra, avanza con más o menos fuerza, se enfría y se endurece. Y así, al amontonarse, forma el cono del volcán.

29. ¿POR QUÉ HAY TERREMOTOS?

Los temblores de tierra, o terremotos, se producen a causa de los movimientos que sufre la enorme masa de roca que se encuentra bajo la corteza terrestre. Las grandes sacudidas de esta masa pueden afectar a la corteza terrestre y provocar los movimientos de tierra.

30. ¿QUÉ ES EL ECO?

Al igual que los espejos reflejan las imágenes y devuelven la luz, las paredes y los muros devuelven los sonidos y los ruidos.
Desde una gran distancia frente a una barrera de árboles, un muro o una pared rocosa, se puede oír cómo vuelve el grito dado pocos segundos antes.

31. ¿POR QUÉ HAY OLAS?

Cuando sopla el viento se forman olas en la superficie del mar, grandes o pequeñas, según su fuerza.
Las mareas también agitan el mar, y hacen subir y bajar su nivel.
Con buen tiempo, las olas vienen de muy lejos, donde sopla el viento.

32. ¿PARA QUÉ SIRVEN LOS FAROS?

Los faros se construyen a lo largo de las costas para guiar a los navegantes en la oscuridad de la noche. Cada faro tiene una luz distinta a la de los demás por su color y duración. Así, los navegantes pueden reconocer qué faro es el que emite la luz que están viendo.

33. ¿POR QUÉ HAY MAREAS?

La marea alta se produce cuando la Luna está encima del mar y atrae el agua hacia ella: el mar parece hincharse y subir. Pero como la Luna da vueltas alrededor de la Tierra, cuando ya no está sobre el mar, su nivel desciende de nuevo.

34. ¿POR QUÉ NOS MAREAMOS A VECES EN EL MAR?

En el oído tenemos un órgano minúsculo que nos da el sentido del equilibrio. En un barco sacudido por las olas, este órgano se cansa, por lo que los pasajeros experimentan los vértigos y los mareos causados por la falta de equilibrio.

35. ¿POR QUÉ SÓLO VEMOS LA PUNTA DEL MÁSTIL CUANDO HAY UN BARCO A LO LEJOS?

Como la Tierra es redonda, la parte más alta del barco es la que se ve primero en el horizonte, y después va apareciendo el casco poco a poco. Cuando el barco se aleja, parece que el casco se hunde mientras aún podemos ver el mástil.

36. ¿POR QUÉ AVANZA EL VELERO SI NO TIENE MOTOR?

El viento que sopla en las velas desplegadas es el que hace avanzar el velero. Para dirigirlo, se orientan las velas según la dirección del viento. Y para que no avance hay que recoger las velas.

37. ¿POR QUÉ EL MAR NO ES SIEMPRE DEL MISMO COLOR?

El mar refleja el cielo. Se ve más azul cuando el cielo está claro, y más gris cuando está cubierto. Además, en su color también influye el tono del fondo marino, la profundidad del agua y la arena.

38. ¿POR QUÉ ESTÁ SALADA EL AGUA DEL MAR?

Si echamos sal en el agua, esta sal enseguida se disuelve y hace que el agua se vuelva salada. La sal del agua del mar proviene de las rocas disueltas y de algunos materiales que arrastran los ríos que desembocan en el mar.

39. ¿POR QUÉ SON REDONDAS LAS PIEDRAS QUE ARRASTRA EL AGUA?

Los guijarros o cantos rodados son piedras que el mar o el agua dulce hacen chocar unas contra otras. Al frotarse, se gastan y se pulen. Y así, con el paso del tiempo, se van haciendo redondas.

40. ¿POR QUÉ EN ALGUNAS PLAYAS NO HAY ARENA?

Porque la fuerza de las corrientes marinas se ha llevado a otro sitio los granitos de arena. Y así, sólo deja en la playa los guijarros arrancados a las rocas o a los acantilados próximos.

41. ¿POR QUÉ NOS PARECE OÍR EL RUMOR DEL MAR EN LAS CARACOLAS?

Las caracolas son como unas trompetillas que concentran las ondas sonoras y refuerzan los sonidos imperceptibles que nos rodean. Y así, nos recuerdan el suave murmullo del mar.

42. ¿POR QUÉ HAY FORMAS DE CONCHAS EN LAS PIEDRAS?

Hace mucho, mucho tiempo, las conchas cayeron en el barro, que las envolvió. Poco a poco, este barro se fue endureciendo y se volvió sólido. La concha ha desaparecido, pero queda su huella en la piedra.

43. ¿DE DÓNDE SALE EL AGUA DE LOS RÍOS?

El agua de los ríos es agua de lluvia que se filtra en el suelo y, después, sale a la superficie y forma un manantial. A esta agua se une la que proviene de la nieve derretida, que corre en torrentes por las laderas de las montañas. Y así, poco a poco, el río va aumentando su caudal.

44. ¿POR QUÉ EL AGUA DE LOS RÍOS CORRE SIEMPRE EN EL MISMO SENTIDO?

Sobre la tierra, los objetos pueden caer y parece que siempre son atraídos hacia el suelo. En una pendiente, las cosas que están arriba resbalan o ruedan hacia abajo.
Y del mismo modo, el agua sigue la pendiente del río.

45. ¿POR QUÉ LAS PIEDRAS FORMAN CÍRCULOS EN EL AGUA AL CAER?

Al caer en el agua, las piedras chocan en un punto de la superficie. Y ese choque forma unas ondas que se alejan en todas las direcciones, creando círculos que desaparecen a medida que se van haciendo más grandes.

46. ¿POR QUÉ HAY INUNDACIONES?

Si no llueve demasiado, el agua de los ríos corre tranquilamente entre las riberas. Cuando hay lluvias violentas o muy repetidas, la tierra ya no puede absorber tanta agua y esta va a parar a los ríos, aumentando su caudal, que acaba por desbordarse.

47. ¿POR QUÉ HAY PAÍSES FRÍOS Y PAÍSES CÁLIDOS?

Los países más alejados de los polos reciben muchos rayos, que calientan la tierra. Pero a medida que nos vamos acercando a los polos, la tierra recibe muchos menos rayos solares y resulta cada vez más fría.

48. ¿Por qué no brilla el Sol todos los días?

Cuando no vemos brillar el Sol es porque entre él y nosotros hay nubes o humo que forman una especie de cortina que nos impide recibir sus rayos.

49. ¿Por qué hay tormentas?

Cuando las nubes están muy cargadas de electricidad, entre ellas se producen grandes chispazos, que son los relámpagos que vemos. Y los truenos que oímos no son más que el sonido que producen las nubes cuando chocan.

50. ¿Por qué existe el arco iris?

Cuando brilla el Sol y, al mismo tiempo, llueve, las gotitas de agua separan la luz del Sol en siete colores. Si no se juntan el Sol y la lluvia, no podemos ver el arco iris.

51. ¿Por qué se ve salir aliento de nuestra boca cuando hace frío?

Al respirar, expulsamos vapor de agua que, normalmente, no se ve. Pero cuando hace frío, este vapor se transforma en gotitas de agua que parecen humo.

52. ¿Por qué nieva en invierno?

El frío, que cambia la temperatura del agua y la transforma en hielo, convierte en copos las gotitas de agua que se encuentran en las nubes. Y estos copos están formados por cristales de hielo.

53. ¿Por qué se hielan los lagos en invierno?

Cuando el termómetro marca menos de cero grados, el frío transforma el agua de los estanques en hielo. Primero se hiela la superficie y, si el frío aumenta, la capa de hielo se va haciendo cada vez más gruesa.

54. ¿POR QUÉ SE PRODUCE LA ESCARCHA?

Cuando por la noche la tierra se enfría mucho más que el aire, el vapor de agua se transforma en gotitas sobre la hierba y las plantas frías: es el rocío. Si de madrugada hace mucho frío, entonces el rocío se hiela y forma una fina capa de hielo, la escarcha.

55. ¿QUÉ SON LOS CORTAFUEGOS?

Para evitar que el fuego se propague con facilidad por los montes o por las tierras de cultivo, se hacen unas veredas muy anchas.
Y como en ellas no se deja crecer la vegetación, el fuego avanza despacio o se apaga.

56. ¿POR QUÉ A VECES EL HUMO NO SUBE DE MANERA VERTICAL?

Cuando no hay viento, el humo sube derechito hacia al cielo. Si lo vemos inclinarse a derecha o a izquierda, es porque sopla el viento y lo arrastra.

57. ¿POR QUÉ NOS PARECE QUE LOS ÁRBOLES SE JUNTAN EN LA CARRETERA?

Nos da esa sensación, pero no es así. En realidad, cuanto más lejos están, más pequeños y más juntos nos parecen, pues la distancia que los separa también nos resulta menor.

58. ¿CÓMO FUNCIONA UNA BRÚJULA?

La aguja de la brújula es un pequeño imán que gira sobre un eje. Y como la Tierra es un imán inmenso, las fuerzas magnéticas de los polos atraen hacia ellas el extremo de la aguja de la brújula.

3

Los animales

Los peces no sienten frío en el agua, la tortuga lleva su casa a cuestas y los gatos ronronean. ¿Sabes por qué?

59. ¿Por qué mueven las orejas los animales?

A veces, para oír mejor, los seres humanos nos acercamos la mano a la oreja. Y aunque los animales no tienen manos como nosotros, pueden mover las orejas y orientarlas hacia los sonidos que los rodean. Así, saben de dónde proceden.

60. ¿Por qué algunos animales no tienen frío en invierno?

Algunos animales salvajes se duermen en profundos escondites, bien resguardados del frío, donde viven aletargados, esperando el retorno de la primavera. Y en algunos casos, el pelaje se les pone más espeso para hacer frente al frío.

61. ¿POR QUÉ HAY ANIMALES QUE SE ESCONDEN EN INVIERNO?

Algunos animales se esconden para abrigarse y pasan todo el invierno dormidos en sus guaridas. Aunque hay otros, como las golondrinas, que en cuanto notan que se acerca la estación fría, se marchan a lugares más cálidos y no vuelven hasta la primavera.

62. ¿POR QUÉ SON TAN RÁPIDOS ALGUNOS ANIMALES?

La mayor parte de los animales más veloces del mundo han desarrollado sus cualidades poco a poco. Dado que el entorno les exigía rapidez para poder sobrevivir, han llegado a nuestros días siendo los más rápidos.

63. ¿POR QUÉ EXISTE EL TIEMPO DE VEDA PARA LA CAZA?

Durante unas semanas al año, se prohíbe a los cazadores que salgan en busca de caza. De este modo, las crías de liebres, perdices y otros animales cuentan con tiempo suficiente para poder crecer. Si no fuera así, muchas especies correrían el riesgo de desaparecer.

64. ¿POR QUÉ SE DOMESTICAN ANIMALES PARA LOS CIRCOS?

A los seres humanos nos impresiona el espectáculo de ver a los animales ejecutando números de circo. Los animales aprenden estos ejercicios mediante la doma.

65. ¿POR QUÉ RONRONEAN LOS GATOS?

Ronronean siempre que están contentos: cuando los acariciamos, cada vez que les vamos a dar de comer o cuando se sienten muy cómodos en algún lugar especial.

66. ¿POR QUÉ LOS GATOS TIENEN UNOS BIGOTES TAN LARGOS?

Del mismo modo que los seres humanos nos servimos de las manos para tocar, el gato utiliza sus bigotes para sentir los objetos, el frío, el calor, etc. Y cuando un gato pierde uno de los pelitos de su bigote, enseguida le crece otro.

67. ¿POR QUÉ LOS GATOS ARQUEAN EL CUERPO ANTE LOS PERROS?

Los gatos suelen ser muy desconfiados. Por eso, cuando se les acerca un perro, se recogen sobre las cuatro patas y arquean un poco el cuerpo, a la vez que se les eriza el pelo. De este modo, se sienten mucho más grandes y peligrosos.

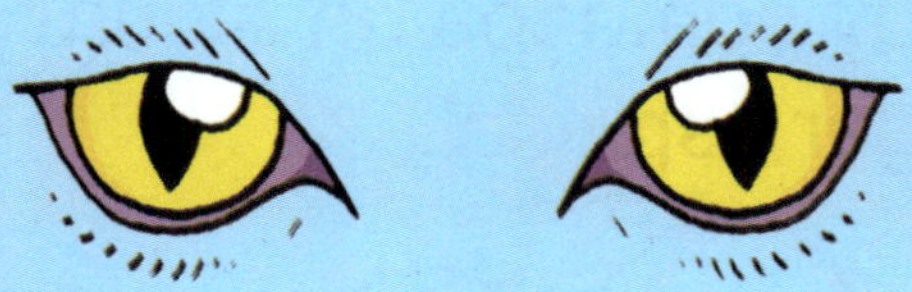

68. ¿POR QUÉ VEN DE NOCHE LOS GATOS?

Los ojos de los gatos no son como los de los seres humanos. Las pupilas de los gatos pueden abrirse mucho más y eso les permite ver de noche.
A veces, durante el día, las pupilas de los gatos llegan a reducirse tanto que se parecen a una fina línea vertical.

69. ¿POR QUÉ LOS RATONES CONSIGUEN PASAR POR LOS AGUJEROS MÁS PEQUEÑOS?

Los ratones son animales muy ágiles. Y sus articulaciones son tan flexibles que pueden estirarse y deslizarse casi como las serpientes.

70. ¿Por qué los ratones pueden trepar por un muro?

Los ratones tienen en las patas unas uñas muy finas y resistentes. Y como las paredes no suelen ser completamente lisas, los ratones saben aprovechar las pequeñas irregularidades para agarrarse y conseguir trepar sin dificultad.

71. ¿Por qué los peces no tienen frío en el agua?

Como nuestro cuerpo está normalmente a una temperatura tibia, sentimos una sensación desagradable si nos bañamos en agua fría. Pero el cuerpo de los peces está casi a la misma temperatura que el agua. Por eso se sienten bien aunque el agua esté fría.

72. ¿LOS PECES DUERMEN?

Los peces reposan en el fondo de los ríos o de los mares. A simple vista no podemos saber si duermen de verdad, porque, como no tienen párpados, duermen con los ojos abiertos.

73. ¿POR QUÉ LOS PECES ABREN TANTO LA BOCA?

Abrir la boca es su manera de respirar. Abriendo la boca hacen que les entre agua, que vuelve a salir por unas rendijas que tienen a los lados de la cabeza, escondidas bajo unas persianitas que se mueven continuamente. Así, los peces pueden absorber el oxígeno que contiene el agua.

74. ¿POR QUÉ SALTAN LAS RANAS?

El caballo camina al paso pero, para ir deprisa, tiene que galopar. La rana se desplaza muy lentamente. Y si necesita ir más rápida, da saltos con sus musculosas patas traseras.

75. ¿DE DÓNDE VIENEN LAS OSTRAS?

Como los mejillones y las almejas, las ostras son moluscos marinos. Crecen en las rocas. Aunque también se pueden criar en viveros.

76. ¿POR QUÉ A VECES HAY UN PEQUEÑO CANGREJO DENTRO DE LOS MOLUSCOS?

En el fondo del mar, los cangrejos se pasean en busca de alimento. A veces, sin darse cuenta, se meten entre las dos conchas de algún molusco, como los mejillones, y ya no pueden volver a salir. Entonces, el molusco los va digiriendo poco a poco, a menos que un pescador lo coja antes de que haga la digestión.

77. ¿Cómo ve el caracol?

El caracol ve gracias a sus ojos, que tiene situados en la punta de sus largos cuernos móviles. Si alguien le toca los ojos o presiente algún peligro, esconde los cuernos para protegerse los ojos.

78. ¿Por qué el caracol deja un rastro brillante?

La huella brillante es el rastro del líquido viscoso que sale del cuerpo del caracol para ayudarlo a desplazarse con más facilidad por distintos tipos de superficies.

79. ¿Por qué la tortuga lleva la casa a cuestas?

En realidad, la tortuga no lleva su caparazón a cuestas, sino que pasa su vida dentro de él. Y por las ventanitas sólo puede sacar la cola, la cabeza y las cuatro patas, que siempre esconde en caso de peligro.

80. ¿Por qué muchos pájaros hacen sus nidos en lo alto de los árboles?

Cuando los polluelos salen del huevo no saben volar. Y mientras los padres van a buscarles alimentos, los zorros, los gatos u otros animales podrían devorarlos si el nido no estuviera tan alto.

81. ¿Por qué no se caen las gallinas cuando duermen?

Las aves, como por ejemplo la gallina, necesitan encaramarse para poder dormir. Y como tienen un sentido instintivo para el equilibrio, adoptan una posición en la que el peso de su cuerpo queda repartido entre los dos lados del palo o del soporte en el que están encaramadas.

82. ¿Por qué ponen huevos las gallinas?

Los ponen para tener pollitos, que saldrán en cuanto puedan romper la cáscara. Cuando una gallina ha incubado los huevos, de ellos nacen pollitos. Aunque si los huevos no han sido incubados, no hay pollitos en ellos.

83. ¿CÓMO CONSIGUE EL POLLITO SALIR DEL HUEVO?

Después de veinte días de incubación, el pollito que está dentro del huevo golpea la cáscara con su piquito y consigue romperlo. Y así, sale del huevo.

84. ¿POR QUÉ LAS GOLONDRINAS VUELVEN CADA AÑO AL MISMO NIDO?

Las golondrinas cuentan con un gran sentido de la orientación. Tras un viaje de miles de kilómetros, pueden encontrar sin dificultad el camino de vuelta a su nido.

85. ¿POR QUÉ SE REÚNEN LAS GOLONDRINAS?

Las golondrinas se reúnen cuando llega el otoño para marcharse antes de los primeros fríos.
Se van en grupo hacia otros países más cálidos. Y cuando la temperatura empieza a subir, las golondrinas vuelven a visitarnos.

86. ¿Por qué no les ocurre nada a los pájaros cuando se posan en los cables del tendido eléctrico?

No se electrocutan porque sólo tocan el cable sobre el que están posados. Si a la vez que tocan el cable tocaran el suelo, sufrirían una descarga eléctrica al instante.

87. ¿Por qué se van las cigüeñas?

Las cigüeñas se van cuando llega el otoño, en busca del calor de los países del sur. Pero vuelven en primavera, cuando han terminado sus vacaciones de invierno.

88. ¿Por qué se mantiene la garza sobre una sola pata?

Las largas patas de la garza no tienen plumas. Y de tanto tener las patas metidas en el agua, coge frío. Por eso, para descansar o para dormir, esta zancuda sólo mete una pata en el agua.

89. ¿POR QUÉ NO TIENEN FRÍO LOS PATOS EN EL AGUA HELADA?

Los patos tienen el cuerpo cubierto de plumas muy lisas y engrasadas, sobre las que se desliza el agua sin llegar a penetrar en la piel. Por eso, aunque haga mucho frío, tienen el cuerpo calentito.

90. ¿POR QUÉ LOS PATOS TIENEN UNA MEMBRANA ENTRE LOS DEDOS?

Cuando nadan, los patos separan los dedos de sus patitas. Así, la piel que los une se extiende y crea una especie de remo. Por eso nadan tan bien.

91. ¿Por qué los pavos reales abren la cola en abanico?

El pavo real hace el abanico con las largas plumas de su cola para que lo admiren. Es un ave de plumas preciosas, pero muy presumida.

93. ¿Por qué los periquitos siempre van en pareja?

A los periquitos les gusta vivir en sociedad: acostumbran a formar grandes bandadas y a tener pareja. No les gusta la vida en soledad.

92. ¿Por qué el mochuelo sólo ulula de noche?

El mochuelo es un ave nocturna: siempre duerme de día. Cuando llega la noche, se despierta y echa a volar para buscar su alimento.

94. ¿POR QUÉ HABLA EL LORO?

El loro cuenta con una lengua muy especial, grande y carnosa, que le permite emitir sonidos muy diferentes. Puede imitar la voz humana y reproduce palabras y modos de hablar. Su propia voz es estridente. En su medio natural, imita los sonidos que emiten otros animales.

95. ¿POR QUÉ HAY ESPANTAPÁJAROS EN LOS CAMPOS?

Como los pájaros se posan en los campos recién sembrados para comerse las semillas, los agricultores intentan asustarlos poniendo espantapájaros en sus campos. Suelen ser dos palos con ropa vieja, para imitar el aspecto de un ser humano.

96. ¿POR QUÉ DAN LECHE LAS VACAS?

Las vacas dan leche para alimentar a sus terneritos hasta que se hacen mayores y comen hierba. Y como los terneros no se beben toda la leche, nosotros nos tomamos la que sobra o la usamos para hacer quesos y yogures.

97. ¿POR QUÉ LAS VACAS PARECEN ESTAR SIEMPRE MASTICANDO?

Las vacas tragan mucha hierba casi sin masticarla. Y cuando tienen la tripita llena, dejan de comer y hacen subir la hierba de nuevo a la boca para poder masticarla y triturarla. Y entonces se dice que las vacas rumian.

98. ¿POR QUÉ LOS REBAÑOS VAN EN VERANO A LA MONTAÑA?

En las montañas la hierba es mucho más fresca y nutritiva que en las llanuras. Pero en invierno, con la nieve, los rebaños no pueden subir a pastar.

99. ¿POR QUÉ CANTAN LAS CIGARRAS?

Las cigarras no cantan como lo hacen los pájaros: el sonido que emiten es producido por el batir muy rápido de dos pequeñas membranas situadas bajo el vientre, que un músculo especial hace vibrar como un tambor mientras están comiendo.

100. ¿POR QUÉ HAY INSECTOS QUE FLOTAN EN EL AGUA?

Estos insectos son tan ligeros que no se hunden en el agua. Además, como sus patas están separadas y cubiertas de pelitos, los ayudan a sostenerse sin dificultad en la superficie. Y así, desplazándose sobre el agua, se van deslizando como si llevaran varios pares de esquís acuáticos.

101. ¿POR QUÉ SE MUEVE LA NARIZ DEL CONEJO?

El conejo mueve la nariz para husmear, para encontrar su alimento o para sentir peligros que lo amenazan.

102. ¿Por qué las hormigas van siempre corriendo?

La hormiga es un animal que vive en sociedad, en grupos muy numerosos. Las obreras que vemos son las encargadas de llevar las provisiones al hormiguero, por lo que buscan alimento sin cesar.

103. ¿Por qué las abejas producen miel?

Las abejas van volando de flor en flor y se llevan el néctar a la colmena. Y una vez allí, convierten el néctar en miel para poder alimentar a las abejas más jóvenes.

104. ¿POR QUÉ LAS MOSCAS PUEDEN ANDAR POR EL TECHO?

Cada pata de una mosca termina en una bola provista de minúsculas ventosas que siempre están húmedas. Y con ellas se sostiene boca abajo en el techo o en cualquier otro lugar.

105. ¿POR QUÉ LAS MARIPOSAS SE POSAN SOBRE LAS FLORES?

Las mariposas son muy golosas: les encanta el néctar, el líquido azucarado que hay en las flores. Para poder alcanzarlo, desenrollan su trompa, la meten en la flor y lo aspiran.

106. ¿CÓMO SE DESPLAZAN LAS ORUGAS?

Las orugas cuentan con unas patitas muy cortas que arrastran su cuerpo y hacen que se ondule.

107. ¿Por qué las luciérnagas lucen por la noche?

Si es de noche, los coches encienden las luces para que sepamos por dónde van. Y del mismo modo, la señora Luciérnaga puede encender su lucecita para que la vea el señor Luciérnaga.

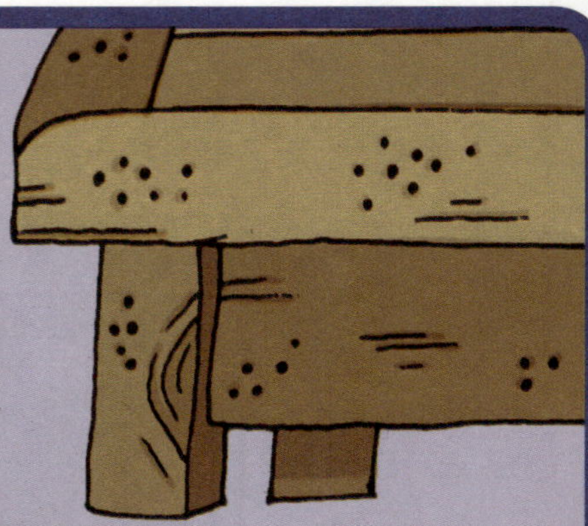

108. ¿Por qué salen agujeros en los muebles viejos?

Algunas veces, en los muebles muy viejos hay gusanitos que necesitan excavar la madera para alimentarse. Y del mismo modo, las polillas hacen agujeritos en la ropa.

109. ¿Por qué cambia de color el camaleón?

Lo hace para confundirse con el entorno. Tiene una piel especial que cuenta con la posibilidad de cambiar de color según el lugar dónde se encuentra. Y así, se vuelve casi invisible.

110. ¿Por qué los erizos se encogen formando una bola?

Se encogen para protegerse o defenderse de sus depredadores. Con el cuerpo, hacen una bola de pinchos que hiere a sus atacantes.

111. ¿Por qué cambian de piel las serpientes?

La serpiente tiene que cambiar de piel porque no le crece tanto como el resto del cuerpo. Así, una piel más grande se va formando bajo la primera. Hasta que se le cae la pequeña y queda la nueva. Entonces, decimos que ha mudado de piel.

112. ¿Por qué es tan peligrosa la mordedura de algunas serpientes?

Hay serpientes que tienen en la boca unos dientes huecos parecidos a la aguja de las inyecciones. Con esos dientes introducen un veneno en el cuerpo de la persona a la que muerden. Y, en ocasiones, ese veneno puede llegar a ser mortal.

113. ¿Por qué tiene jorobas el camello?

El camello tiene dos jorobas que le son muy útiles. El dromedario sólo tiene una. Las jorobas son una reserva de energía: en ellas acumulan grasa con la que pueden pasar semanas en el desierto sin comer ni beber nada.

114. ¿Por qué tiene el cuello tan largo la jirafa?

Las jirafas viven en zonas en las que están obligadas a estirar mucho el cuello para coger los brotes tiernos y las hojas de las partes altas de los árboles. Con el tiempo, a través de miles de años, su cuello se ha ido alargando para adaptarse al entorno.

4

LAS PLANTAS

Las ortigas pican, las hojas cambian de color en otoño y hay flores que huelen muy bien. ¿Sabes por qué?

115. ¿POR QUÉ SE ECHA ESTIÉRCOL EN LOS CAMPOS?

Las plantas necesitan el alimento que les da la tierra. Si no las abonáramos, este alimento se acabaría muy pronto. Por eso los agricultores echan estiércol en sus campos: se trata de un abono natural.

116. ¿DE QUÉ SE ALIMENTAN LAS PLANTAS?

Las raíces de las plantas toman de la tierra el agua y las sales minerales indispensables para su desarrollo. La savia, que es el líquido que circula por toda la planta, distribuye el alimento.

117. ¿POR QUÉ TIENEN TANTAS LÍNEAS LAS HOJAS?

Son las nerviaciones, unos conductos que sirven para alimentar toda la hoja, ya que permiten la circulación de la savia. Podríamos decir que son el sistema circulatorio de la hoja.

118. ¿CÓMO CRECEN LOS ÁRBOLES?

Crecen porque se alimentan y respiran, igual que cualquier otro ser vivo. Sus raíces encuentran alimento en la tierra y las hojas les permiten respirar. Para crecer necesitan nutrientes, agua, luz y aire.

119. ¿POR QUÉ ALGUNOS ÁRBOLES CONSERVAN LAS HOJAS EN INVIERNO?

Muchos árboles no pierden las hojas. El olivo, la encina, el abeto o el eucalipto no pierden las hojas en invierno porque la savia sigue circulando durante los meses más fríos. Son árboles de hoja perenne.

120. ¿POR QUÉ LAS HOJAS CAMBIAN DE COLOR EN OTOÑO?

En verano, por el calor y la escasez de agua, las hojas van perdiendo su característico color verde, que se vuelve rojizo o amarillo.

121. ¿Por qué son carnívoras algunas plantas?

Son plantas que crecen en suelos muy pobres y, por ello, tienen que buscar su alimento adaptándose al entorno.

122. ¿Por qué se ven círculos en los troncos cortados?

Al crecer, los árboles van desarrollando una nueva capa de madera cada primavera y cada otoño. La madera de primavera es más clara que la de otoño. Estas capas forman unos anillos bien visibles. Y por ellos podemos saber la edad de un árbol.

123. ¿Por qué están inclinados los árboles cercanos al mar?

Las regiones costeras suelen estar expuestas al viento, que sopla casi siempre desde el mar hacia tierra firme. Mientras crecen, los árboles son empujados por el viento, que los hace inclinarse.

124. ¿POR QUÉ SE PODAN LOS ÁRBOLES?

Los que más se podan son los árboles frutales, para acortar ciertas ramas y hacerlas más fuertes, con el fin de que los frutos crezcan más grandes y abundantes. También se pueden podar para darles una forma determinada.

125. ¿POR QUÉ SE INJERTAN LOS ÁRBOLES?

Los árboles frutales silvestres son resistentes y vigorosos, pero dan frutos de poca calidad. Injertándoles pequeñas ramas provenientes de un árbol de cultivo, se pueden obtener buenos frutos de un árbol silvestre. Aunque es una tarea difícil.

126. ¿POR QUÉ REGAMOS LAS FLORES?

Las plantas tienen sed, igual que nosotros. Sin agua, la mayoría se secan, se marchitan y mueren. Regamos la tierra de las flores para que las raíces absorban el agua, enriquecida con los abonos, que sube por el tallo y alimenta la planta y sus flores.

127. ¿POR QUÉ LOS TIESTOS TIENEN UN AGUJERO EN EL FONDO?

La mayoría de las plantas, para estar sanas, necesitan tierra húmeda, pero no demasiado, pues las raíces se pudrirían. El agujerito del tiesto permite que se elimine el exceso de agua.

128. ¿POR QUÉ HAY FLORES QUE SE CIERRAN DE NOCHE?

Las flores se abren para recibir la luz del sol y el calor del día. Cuando cae la noche y la temperatura baja, algunas flores que sienten el frío se cierran completamente para protegerse.

129. ¿POR QUÉ HUELEN TAN BIEN ALGUNAS FLORES?

Las flores tienen esencias aromáticas que se van evaporando poco a poco. Y ese perfume atrae a los insectos y a los pájaros que, al ir de flor en flor, llevan el polen que permitirá a las flores convertirse en frutos.

130. ¿CÓMO SE OBTIENE EL PERFUME DE LAS FLORES?

Se puede obtener de varias maneras. En algunos casos, las flores se maceran, en otros se destilan y en otros se exprimen.

131. ¿Por qué hay flores de distintos colores?

El color de las flores varía en función del pigmento de sus pétalos. Estos pigmentos son muy diversos y pueden dar a la flor el color rosa, el naranja, el lila y muchos otros.

132. ¿Por qué la fruta, al madurar, va cambiando de color?

Antes de su maduración, la piel de la fruta tiene pigmentos verdes que van siendo sustituidos por pigmentos amarillos cuando madura.
Así, el calor solar penetra mejor en la fruta y termina su maduración.

133. ¿Por qué es inflamable el zumo de la corteza de la naranja?

En la corteza de las naranjas hay un producto, la esencia de naranja, que arde con facilidad. Crea una bonita llama azul y desprende perfume.

134. ¿CÓMO LOGRAN TREPAR ALGUNAS PLANTAS?

El tallo de las plantas trepadoras está provisto de ventosas. Estas ventosas se adhieren al muro, fijando los tallos unos después de otros. Y cuando intentamos tirar de estos tallos, notamos la gran resistencia que ofrecen las ventosas.

135. ¿POR QUÉ PICAN LAS ORTIGAS?

Los tallos y las hojas de la ortiga están cubiertos de pelitos que contienen un ácido. Cuando tocamos una ortiga con la piel, este ácido nos provoca un dolor intenso y nos salen ampollas. Aunque las ortigas secas no pican.

136. ¿POR QUÉ TIENEN ESPINAS ALGUNAS PLANTAS?

Algunas plantas que crecen en el desierto almacenan agua para resistir durante largos períodos de sequía. Si no fuera por las espinas, los animales sedientos se las comerían para saciar la sed.

137. ¿Con qué se elabora el aceite?

El aceite que tomamos con las comidas proviene de frutos o semillas de plantas como el olivo, el cacahuete, el girasol o el maíz. Estas semillas o frutos se muelen y se prensan, obteniendo así el aceite.

138. ¿Por qué lloramos al pelar cebollas?

Las cebollas contienen una sustancia irritante y volátil, que se desprende cuando las cortamos. Los vapores de esa sustancia llegan a los ojos y provocan un picor molesto que hace brotar las lágrimas.

139. ¿Por qué los puerros tienen una parte blanca?

Las plantas privadas de luz tienen las hojas de color blanquecino. La parte del puerro que está bajo tierra y no recibe la luz del sol se conserva blanca y tierna.

5

EN CASA

El agua apaga el fuego, el pan se pone duro y el congelador hace cubitos. ¿Sabes por qué?

140. ¿Por qué algunos días resulta tan difícil abrir las ventanas o las puertas?

Hay ventanas y puertas hechas de madera muy seca. Y cuando llueve, con el aire húmedo, la madera aumenta de volumen y se encaja con fuerza en los marcos.

141. ¿Por qué se empañan los cristales de la ventana?

Cuando en el exterior hace frío y los cristales entran en contacto con el vapor de agua que hay en la habitación, unas gotitas de agua se adhieren a ellos. Es algo parecido a lo que ocurre cuando sacamos una botella muy fría del frigorífico.

142. ¿Por qué crujen los suelos de madera por la noche?

De noche, la temperatura baja y este descenso hace que la madera se contraiga un poquito. Por eso produce unos pequeños crujidos.

143. ¿POR QUÉ SE ROMPE EL VASO CUANDO SE VIERTE EN ÉL UN LÍQUIDO MUY CALIENTE?

Al echar un líquido muy caliente en un vaso, el interior se dilata. Y al dilatarse, ejerce una fuerza hacia el exterior, que todavía está frío, pues no ha tenido tiempo de dilatarse, y se rompe.

144. ¿POR QUÉ EL AGUA APAGA EL FUEGO?

El fuego produce calor. Y para arder, el carbón o la leña tienen que estar muy calientes. El fuego necesita aire para alimentarse. Si el agua cubre la leña o el carbón con una capa húmeda, los priva de aire e impide que ardan.

145. ¿CÓMO SE PINTA CON PISTOLA?

La pistola para pintar es como un vaporizador que lanza pintura líquida gracias al impulso del aire comprimido. Y así, la pintura que lanza la pistola se distribuye más regularmente sobre la superficie que si la extendemos con una brocha o un rodillo.

146. ¿Por qué hay leche en polvo?

La leche fresca puede estropearse y es más difícil de almacenar y transportar. Para obtener la leche en polvo, se le quita el agua a la leche normal.

147. ¿Por qué se corta la leche?

La leche fresca contiene fermentos que hacen que se cuaje al cabo de un tiempo más o menos largo. Y aunque al hervir la leche fresca se destruyen esos fermentos, si se tarda demasiado en hacerlo, la leche se corta al empezar a calentarla.

148. ¿Por qué se conservan los alimentos en el congelador?

Cuando dejamos los alimentos a temperatura ambiente, los microbios que contienen se desarrollan rápidamente y los estropean. Pero el frío adormece a esos microbios, que no pueden actuar en el congelador.

149. ¿POR QUÉ QUE HACE CUBITOS DE HIELO EL CONGELADOR?

El motor del congelador genera mucho frío. Si metemos mantequilla se endurece, igual que la carne o cualquier otro alimento. Así conseguimos que se conserven más tiempo. Por eso, cuando metemos agua en pequeños recipientes, se convierte en hielo.

150. ¿POR QUÉ FLOTAN LOS CUBITOS DE HIELO EN EL LÍQUIDO?

El hielo flota porque pesa menos que el líquido en el que se encuentra. Los icebergs, por ejemplo, son islas de hielo que flotan sobre el agua del mar.

151. ¿Por qué sube el refresco por la pajita?

Al aspirar el aire de la pajita, el refresco sube y ocupa el lugar de ese aire. Y si continuamos aspirando, el refresco llega hasta la boca.

152. ¿Por qué sopla la olla a presión?

Los alimentos cocinados en la olla a presión producen vapor de agua, que no puede salir por la tapa, que está cerrada. En un momento dado, el vapor tiene tanta fuerza, que sale por una válvula, un agujero muy pequeño, y suena como un fuerte soplido.

153. ¿Por qué se siente más calor en lo alto de la escalera?

Como el aire caliente pesa menos que el aire frío, sube sobre él en dirección hacia el techo. Y como la parte alta de la escalera está más cerca del techo, resulta más cálida.

154. ¿POR QUÉ SUBE Y BAJA LA LÍNEA ROJA DEL TERMÓMETRO?

Los cuerpos que van recibiendo calor tienden a ir aumentando su volumen. Cuando se eleva la temperatura, el líquido del depósito del termómetro se dilata y su nivel sube lentamente por el tubo, marcando la temperatura.

155. ¿CÓMO FUNCIONA EL CALENTADOR ELÉCTRICO?

El calentador es un depósito de agua en cuyo interior hay una especie de radiador eléctrico que la calienta. Si se abre el agua caliente o baja la temperatura del agua, el radiador vuelve a encenderse con el fin de mantener la temperatura deseada.

156. ¿Por qué el agua forma bolitas al caer sobre una sartén caliente?

Con la sartén caliente, la parte exterior de las gotas se transforma en vapor, que forma como un colchón alrededor de la gota. Así, la gota no toca la superficie y corre en todos los sentidos.

157. ¿Por qué se conservan los alimentos en latas?

Con el fin de evitar que los fermentos del aire descompongan los alimentos y los estropeen, las latas se cierran herméticamente y se someten a procesos especiales para destruir los fermentos y conservar mejor los alimentos.

158. ¿Por qué se pone duro el pan?

Al igual que otros muchos alimentos, el pan se endurece al cabo de unos días. El agua que contiene se va evaporando y desaparece. Pero si metemos el pan en una bolsa de plástico, se conserva tierno durante más tiempo.

159. ¿De dónde proviene la sal?

El agua del mar es salada. Y cuando se evapora en las salinas, la sal permanece en el suelo. Después, la sal se limpia para ser utilizada. Aunque también existen minas de sal en la tierra: las minas de sal gema.

160. ¿Por qué tiene el azúcar unos puntitos brillantes?

El azúcar está formado por pequeños cristales cuyas caras reflejan la luz, como las piedras preciosas talladas. Estas partículas son brillantes e incluso pueden ser luminosas. Si rompemos un terrón de azúcar en la oscuridad, podremos comprobarlo.

161. ¿Por qué se muele el café?

El sabor del café y su aroma están contenidos en el grano. Al molerlo, conseguimos que el agua hirviendo se impregne con mucha facilidad y con rapidez del aroma que contiene el café.

162. ¿POR QUÉ FLOTA EL ACEITE SOBRE EL VINAGRE?

El vinagre se queda en el fondo de la ensaladera porque pesa más que el aceite. Aunque, si los batimos, el aceite se divide en gotitas, que se mezclan con el vinagre. Pero si dejamos la mezcla en reposo, las gotitas suben otra vez a la superficie formando una nueva capa de aceite.

163. ¿POR QUÉ HAY COPAS QUE EMITEN NOTAS MUSICALES?

Algunas copas emiten notas musicales porque están hechas de un vidrio especialmente fino, un cristal muy delicado. Así, el más leve golpe hace vibrar ese cristal y sus vibraciones son tan frecuentes, tan seguidas, que producen un sonido musical continuo como el de las cuerdas de un violín o de una guitarra.

164. ¿POR QUÉ ABSORBE EL POLVO LA ASPIRADORA?

La aspiradora tiene una hélice en el interior que se pone en funcionamiento al conectarla a una toma de energía eléctrica. Esta hélice absorbe el aire por el tubo del aparato. Y el aire es aspirado con tanta fuerza que arrastra consigo el polvo.

165. ¿CÓMO FUNCIONA UNA VENTOSA?

Cuando apretamos una ventosa contra la pared o el vidrio, estamos expulsando el aire que contiene. El aire exterior la oprime y la mantiene adherida. Para quitar la ventosa sólo hay que hacer entrar un poco de aire.

166. ¿CÓMO FUNCIONAN LAS BÁSCULAS?

Al subirnos a la báscula ejercemos una fuerza sobre un resorte oculto bajo la plataforma. Cuanto mayor sea el peso, más se encoge el resorte y más se desplaza la aguja por los números que indican el peso.

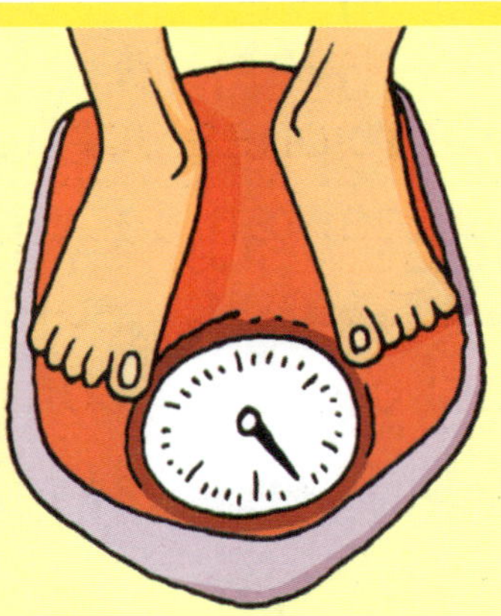

167. ¿POR QUÉ HAY QUE DAR CUERDA A ALGUNOS RELOJES?

El mecanismo de los relojes de cuerda contiene un muelle como el de los juguetes mecánicos. Cuando se da cuerda al reloj, se enrolla el muelle, que luego se desenrolla lentamente y hace girar el engranaje que pone en movimiento las manecillas.

168. ¿POR QUÉ HACE TICTAC EL RELOJ?

El péndulo del reloj de pared no deja de hacer tictac de manera acompasada para regular el movimiento de las manecillas. Y hay relojes de pulsera que funcionan casi igual, con un pequeño péndulo circular que genera un ligero tictac.

169. ¿CÓMO PRODUCE EL PIANO LAS NOTAS MUSICALES?

El piano cuenta con unas cuerdas tensas de distintas longitudes. Al oprimir una tecla, un pequeño martillo golpea una cuerda y la hace vibrar. Y al tener distintas longitudes, suenan de modos diferentes. Si oprimimos varias teclas, varias cuerdas vibran al mismo tiempo.

6

LAS COSTUMBRES

Los bomberos hacen sonar la sirena, los niños van al colegio y las marionetas se mueven. ¿Sabes por qué?

170. ¿POR QUÉ HAY QUE PAGAR IMPUESTOS?

Para construir colegios, hospitales, museos, puentes, carreteras y otras obras públicas, hace falta mucho dinero. Por eso cada ciudadano debe pagar al Estado un impuesto que varía en función de sus ingresos.

171. ¿POR QUÉ SE VOTA?

Dado que los ciudadanos de un país, una ciudad o una comunidad son muy numerosos para poder reunirse, gobernar y elaborar las leyes, escogemos a representantes que se encargarán de llevar a cabo todas estas tareas de gobierno en nombre de los demás.

172. ¿POR QUÉ SE ADORNAN LAS FIRMAS?

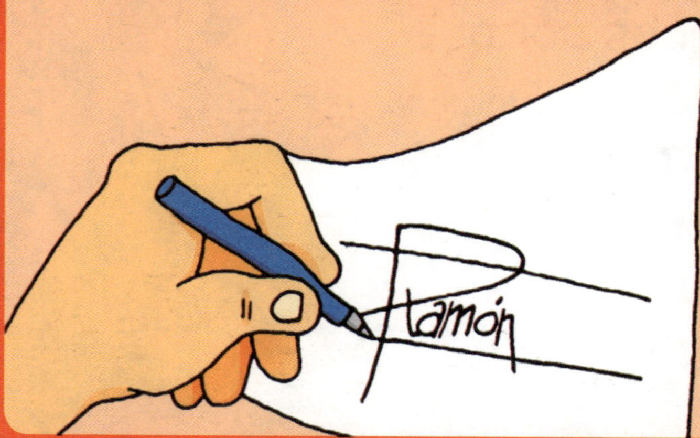

La firma es algo muy importante. Y para que no puedan imitárnosla fácilmente, añadimos a nuestro nombre un trazo especial, la rúbrica.

173. ¿POR QUÉ HAY QUE IR A LA ESCUELA?

Vamos a la escuela para aprender a leer, escribir, contar, dibujar, hacer ejercicio y otras muchas cosas útiles.
Si en el futuro las personas no supieran hacer todas estas cosas, la vida cotidiana resultaría muy diferente de la que vivimos en la actualidad.

174. ¿TODOS LOS NIÑOS DEL MUNDO VAN A LA ESCUELA?

Casi todos los niños van a la escuela, aunque aún hay algunos países que no disponen del dinero necesario para construir colegios o para pagar a los profesores.
Y gracias al esfuerzo de distintos organismos internacionales, la escolarización será un derecho y un deber para todos los niños del mundo.

175. ¿POR QUÉ HAY DÍAS FESTIVOS?

Los días de fiesta son días de descanso en los que los trabajadores no acuden a trabajar y pueden celebrar fiestas civiles o religiosas.

176. ¿Por qué hay un dibujo oculto en los billetes?

Los dibujos y las marcas de los billetes que se pueden ver a contraluz o con luz ultravioleta se llaman "filigranas". Permiten diferenciar un billete legal de uno falso. Y como hay personas que los falsifican, los gobiernos se sirven de la filigrana para complicarles la labor.

177. ¿Por qué el comerciante nos da dinero cuando le pagamos?

A veces pagamos entregando un billete o una moneda que vale más que lo que se ha comprado. El comerciante guarda ese dinero y nos devuelve el cambio: nos da en monedas de menor valor lo que le hemos entregado de más.

178. ¿Por qué se dan propinas?

Las propinas son una forma de agradecimiento. Cuando nos atienden bien, damos una pequeña cantidad de dinero. En algunos países, la cantidad que se entrega a modo de propina suele estar entre el diez y el quince por ciento del importe del servicio.

179. ¿Por qué las ambulancias y los bomberos usan la sirena?

Tanto las ambulancias como los coches de bomberos se desplazan a toda prisa para llegar cuanto antes al lugar del incidente. Y para tener vía libre, hacen uso de la sirena. Así, los demás vehículos se apartan.

180. ¿Por qué se pintan líneas en el pavimento?

Sirven para señalar a los conductores dónde pueden aparcar, si deben ceder el paso o por qué lugar no pueden ir. Y para indicar a los peatones por dónde deben cruzar.

181. ¿Por qué hay estatuas en las plazas?

Al admirar estas estatuas, mantenemos el recuerdo de las personas célebres a las que están dedicadas.

182. ¿Por qué se iluminan los monumentos públicos?

Con luz, podemos verlos también de noche. Si salimos a dar un paseo por una plaza, podemos observar que, iluminados bajo el fondo oscuro del cielo, destacan mucho y resultan más bonitos.

183. ¿Por qué se construye el metro bajo tierra?

Dado que en muchas grandes ciudades suele haber atascos, se construye subterráneo para que las personas se puedan desplazar sin causar más atascos. El metro transporta a un gran número de personas y a gran velocidad.

184. ¿POR QUÉ SE CONSTRUYEN RASCACIELOS?

Cada día hay más gente en las ciudades, pero no hay espacio suficiente para construir nuevas casas en ellas. Por eso hay que construir casas muy altas que puedan albergar a más habitantes. Hoy en día, podemos admirar varios rascacielos que miden más de 400 metros de altura.

185. ¿POR QUÉ SE GUARDAN TANTOS OBJETOS EN LOS MUSEOS?

En los museos guardamos objetos de gran valor, ya sea por su antigüedad, su singularidad o su belleza. Suelen estar protegidos por vitrinas o vigilados por guardias de seguridad, para que no sufran daños a causa de las visitas.

186. ¿POR QUÉ SE HABLAN DISTINTOS IDIOMAS EN EL MUNDO?

Cada cultura tiene su idioma. No empleamos las mismas palabras para designar las mismas cosas. Así, por ejemplo, no resulta sorprendente que los esquimales utilicen un gran número de términos para referirse a la nieve.

187. ¿POR QUÉ SE INVENTÓ EL ALFABETO?

Antes de que existiera el alfabeto, los hombres hacían dibujos para representar lo que querían. Y les resultaba bastante complicado. Simplificando estos dibujos, se obtuvieron las letras del alfabeto. Representan todos los sonidos y permiten escribir las palabras.

188. ¿CÓMO LEE UNA PERSONA CIEGA?

Los invidentes, para leer, pasan los dedos por hojas con unos signos especiales en relieve. Louis Braille, un profesor que perdió la vista siendo un niño, inventó este sistema.

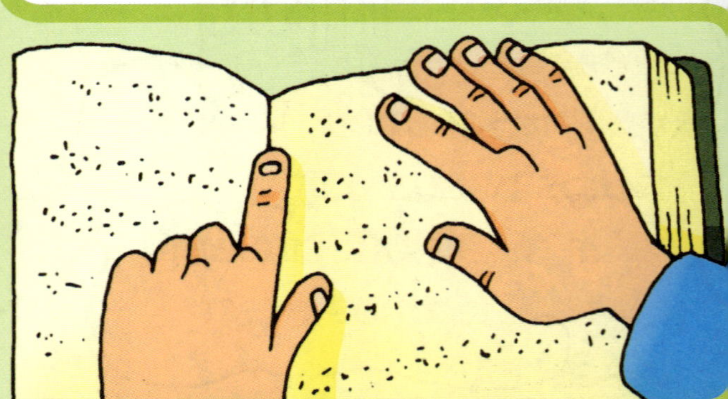

189. ¿POR QUÉ LLEVAN UN BASTÓN LOS CIEGOS?

Con su bastón blanco, las personas invidentes identifican los obstáculos que se van encontrando. Pueden detectar un escalón, una pendiente o el final de una calle.

190. ¿POR QUÉ LAS BAILARINAS SE DESPLAZAN SOBRE LAS PUNTAS DE LOS DEDOS?

Al andar de puntillas, dan la impresión de que van a elevarse y echar a volar como si fueran mariposas. Para poder bailar de puntillas hay que tener muy bien desarrollados los sentidos de la armonía y del equilibrio.

191. ¿POR QUÉ NOS BESAMOS?

Es una de las maneras que tenemos para demostrar a los demás que los queremos. Aunque también nos damos besos como señal de agradecimiento, para saludarnos o por educación.

192. ¿Por qué hay que taparse la boca al bostezar?

Nos tapamos la boca al bostezar porque no queremos echar nuestro aliento a las personas que nos rodean. Es una muestra de educación.

193. ¿Por qué hay que llamar a la puerta antes de entrar?

No debemos interrumpir de manera brusca a las personas que están al otro lado de la puerta. Por eso llamamos pidiendo permiso antes de entrar.

194. ¿Por qué nos damos la mano?

Los adultos acostumbran a darse la mano en señal de amistad. Los niños dan la mano a sus padres para sentirse protegidos de los peligros de la calle o para caminar por un lugar difícil.

195. ¿POR QUÉ SE COME EN UN PLATO?

Antiguamente no existían los platos. La comida se ponía en fuentes en el centro de la mesa y cada uno se servía a voluntad, cogiendo los trozos con los dedos. Empezamos a utilizar platos para poder tomar alimentos como las sopas sin tener que meter la propia cuchara en la comida que compartimos.

196. ¿POR QUÉ LOS CABALLEROS SE DESCUBREN AL SALUDAR?

Aunque ya son pocos los hombres que llevan sombrero, la tradición dice que deben quitárselo ante las personas a las que respetan. Quitarse el sombrero al saludar es un gesto amable y una muestra de educación.

197. ¿POR QUÉ TOMAMOS EL APERITIVO?

El aperitivo se toma para abrir el apetito. Es una ocasión para reunirse con los amigos y charlar mientras llega la hora de la comida.

198. ¿POR QUÉ CEDEMOS EL PASO A LAS PERSONAS MAYORES?

Procuramos dejar pasar a los mayores para demostrarles nuestro respeto. Por otra parte, dado que las personas mayores no suelen ser tan ágiles como las más jóvenes, también podemos ayudarlas a pasar si lo consideramos necesario.

199. ¿POR QUÉ NO SE DICE NADA A LOS PADRES SI VUELCAN UN VASO?

Si un niño vuelca un vaso, los padres le riñen por no haber prestado más atención. Pero si quienes lo vuelcan son los padres, ellos mismos han de molestarse en hacer lo necesario para reparar el daño que han causado.

200. ¿POR QUÉ HAY QUE OBEDECER?

Nuestros padres han vivido muchos más años que nosotros y tienen experiencia. Siempre saben mejor que nosotros lo que hay que hacer en cada situación. Y cuando nosotros seamos mayores, querremos que nuestros hijos nos obedezcan.

201. ¿POR QUÉ SE LUSTRAN LOS ZAPATOS?

El betún y otros productos protegen el calzado. Hacen que el cuero quede limpio, liso y brillante. Además, como el betún es impermeable, impide que la lluvia atraviese el cuero y estropee los zapatos.

202. ¿POR QUÉ VISTEN DE BLANCO LAS NOVIAS?

En nuestra cultura, desde hace mucho tiempo, se considera que el blanco es el color más bonito para vestir a una novia. Aunque en otros lugares no ocurre lo mismo: en China, por ejemplo, la novia lleva un vestido rojo y el blanco es el color reservado para el luto.

203. ¿Por qué jugamos a la lotería?

La lotería es un juego de azar en el que, comprando un billete, optamos a ganar un importante premio en metálico. Compramos con la esperanza de que nos acompañe la suerte y ganar.

204. ¿Por qué en los uniformes de caballería se usan plumeros y cascos con cola larga?

Antes, los uniformes, las plumas de los cascos o las borlas servían para dar mayor presencia y vistosidad a los militares. Y en la actualidad, esa tradición aún se mantiene en uniformes de gala para grandes ocasiones.

205. ¿Por qué se celebran carreras de caballos?

Las carreras de caballos son un deporte en el que el hombre y el animal se entrenan para ganar. Y en estas carreras, los espectadores tratan de adivinar quién será el ganador.

206. ¿POR QUÉ SE CAZA?

Los cazadores sienten el desafío de vencer la astucia, la destreza o la fuerza de un animal. Y aunque la caza es un juego deportivo, ya no se practica tanto como antes: en la actualidad, son cada vez más las personas que se relacionan con la naturaleza de un modo diferente.

207. ¿POR QUÉ LAS MUÑECAS PUEDEN ABRIR Y CERRAR LOS OJOS?

En el interior de la cabeza de las muñecas hay unos contrapesos que están sujetos a los párpados. Al inclinar la muñeca, sube el contrapeso y se cierran los ojos. Al poner la muñeca otra vez de pie, baja el contrapeso, y los ojos se abren de nuevo.

208. ¿QUIÉNES SON LAS HADAS?

Son seres extraordinarios que aparecen en los cuentos. Gracias a su varita mágica, pueden trasformar objetos, recompensar a los buenos y castigar a los malos. Aunque no se sabe de nadie que haya visto a un hada en la vida real.

209. ¿POR QUÉ SE MUEVEN LAS MARIONETAS?

En el teatro de marionetas hay una o más personas cuya función es manejar las marionetas. Y lo hacen de distintas maneras: pueden meter las manos dentro de los muñecos, moverlos desde arriba con unos hilos, o también desde abajo, sujetándolos con unas varillas.

210. ¿POR QUÉ LO QUE SE VE EN EL TEATRO PARECE REAL?

En el teatro y en las películas se pueden representar historias de verdad o inventadas. Y si los actores son muy buenos, la obra siempre nos parece real.

7 Así somos

Todos tenemos ombligo, lloramos si estamos tristes y comemos varias veces al día. ¿Sabes por qué?

211. ¿DÓNDE ESTÁBAMOS ANTES DE NACER?

Antes de nacer éramos una bolita en el cuerpo de nuestra madre. Y esa bolita fue creciendo y se fue desarrollando hasta convertirse en un pequeño bebé.

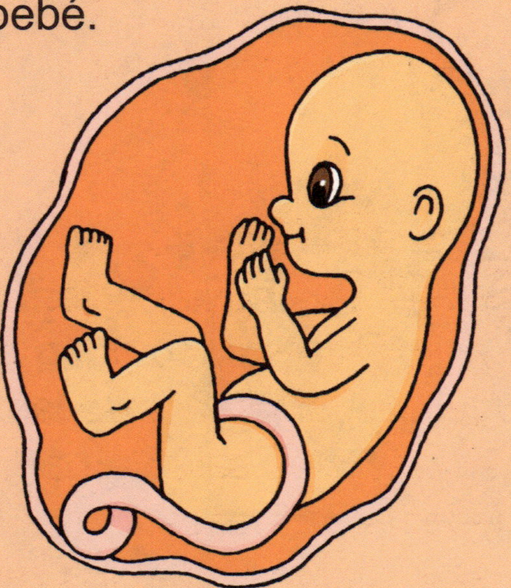

212. ¿CÓMO SE SABE QUE UNA SEÑORA VA A TENER UN BEBÉ?

Una señora sabe que va a tener un bebé porque lo siente dentro de su cuerpo. Y los demás lo notamos porque le crece una tripa muy grande.

213. ¿POR QUÉ LAS MADRES VAN A LA MATERNIDAD CUANDO VAN A TENER UN BEBÉ?

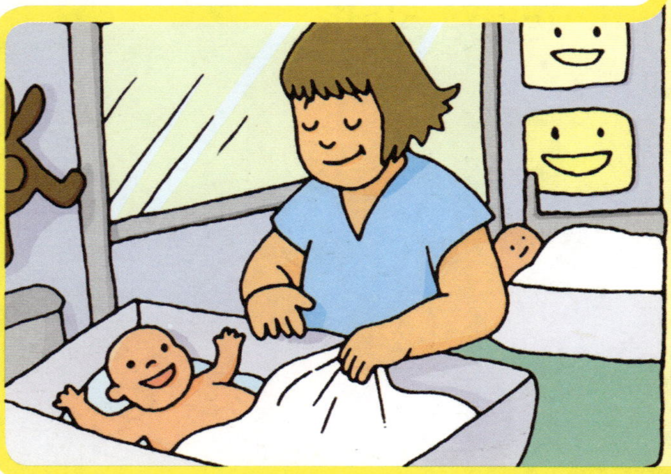

Los primeros días de un bebé recién nacido son muy delicados. Necesita a los médicos y a las enfermeras para que vigilen si respira, come y digiere con normalidad.

214. ¿CÓMO VENIMOS AL MUNDO?

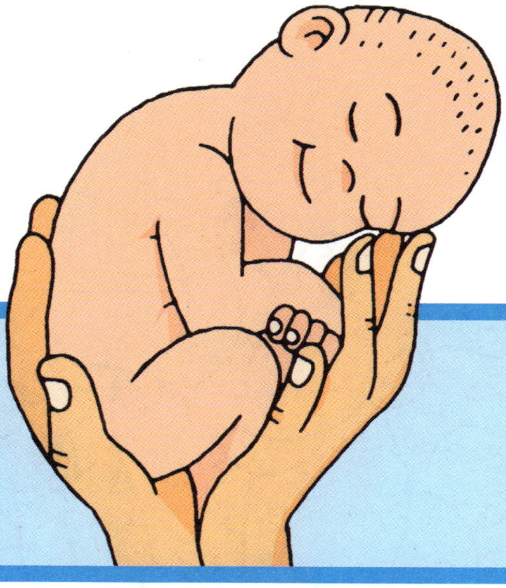

Todos sabemos que cuando la fruta está madura se cae del árbol. Y del mismo modo, cuando el bebé está preparado para nacer, se separa de su mamá y viene al mundo.

215. ¿POR QUÉ LOS BEBÉS NO TIENEN DIENTES?

Porque todavía no los necesitan y no les salen. Les van creciendo poco a poco, en el interior de las encías, y les salen a partir de los seis meses. Estos dientes, que son de leche, empiezan a caerse tras cumplir los ocho o nueve años.

216. ¿POR QUÉ LOS BEBÉS TIENEN LA PIEL ARRUGADA AL NACER?

Los bebés suelen tener la piel arrugada porque están un poco delgados. Cuando engordan, su rostro presenta grandes mofletes y les desaparecen las arrugas.

217. ¿POR QUÉ SE DA DE MAMAR A LOS BEBÉS?

Los bebés toman la leche de su madre, o de un biberón, para alimentarse. La leche, con la que podrán ir creciendo y engordando, es el mejor alimento para ellos.

218. ¿POR QUÉ TENEMOS OMBLIGO?

La bolita que se convierte en un bebé en el vientre de la madre está unida a ella por un conducto, el cordón umbilical. Al nacer el bebé, ese cordón se corta. Y el ombligo es la cicatriz que queda de ese pequeño corte.

219. ¿Por qué los niños no caminan desde que nacen?

Cuando son pequeños, los niños tienen las piernas débiles. Primero aprenden a estar sentados y, más tarde, a mantenerse en pie. Hasta que, finalmente, aprenden a andar.

220. ¿Por qué crecemos?

Para no ser siempre niños, crecemos mucho después de haber nacido. Y al crecer nos vamos haciendo más fuertes y no dejamos de aprender cosas.

221. ¿Por qué no notamos que crecemos?

Para que un bebé alcance la altura de adulto han de pasar unos veinte años. Y para ello, hay que crecer un poquito cada día: tan poco, que no lo notamos. Pero lo sabemos al medirnos y al comprobar que la ropa del año anterior ya no nos sirve.

222. ¿POR QUÉ NECESITAMOS COMER?

Tenemos que alimentarnos para aportar a nuestro organismo la energía y los nutrientes que le son imprescindibles para vivir. Si no comiéramos, nos quedaríamos sin fuerzas y enfermaríamos.

223. ¿POR QUÉ SE NOS CAEN LOS DIENTES DE LECHE?

Nuestra primera dentadura está formada por dientes pequeños y de raíz muy corta. Pero debajo de ellos van creciendo otros dientes más grandes y fuertes, que aparecen entre los seis y los diez años. Cuando salen, los de leche se caen.

224. ¿POR QUÉ PODEMOS HABLAR?

En la garganta tenemos cuerdas vocales. Y gracias a ellas, las palabras salen de nuestra boca.
Estas cuerdas vibran del mismo modo que lo hacen las de una guitarra o las de un violín.

225. ¿POR QUÉ LLORAMOS CUANDO ESTAMOS TRISTES?

En el ojo, bajo el párpado superior, tenemos un saquito lleno de lágrimas que es el encargado de mantenerlo siempre húmedo. Cuando estamos tristes, la emoción hace que broten lágrimas. Aunque también lloramos de felicidad.

226. ¿POR QUÉ NOS GUSTA LA MÚSICA Y NOS MOLESTA EL RUIDO?

Por nuestro sentido del oído apreciamos la música, los sonidos armoniosos. Pero los ruidos son desagradables porque nos resultan muy violentos. Suelen ser inesperados y nos irritan el sentido del oído.

227. ¿POR QUÉ BOSTEZAMOS?

Bostezamos por tres razones: si tenemos hambre, sueño, o si nos aburrimos. Al bostezar aspiramos mucho aire, que nos tonifica el cuerpo. Y cuando bostezamos debemos taparnos la boca con la mano.

228. ¿POR QUÉ NOS ACOSTAMOS TODAS LAS NOCHES?

Dormimos todas las noches porque nuestro cuerpo tiene necesidad de descansar. Así, durante el sueño recuperamos fuerzas para poder disfrutar del día siguiente.

229. ¿POR QUÉ SOÑAMOS?

Nuestro cerebro nunca llega a descansar por completo, ni siquiera durante el sueño. Por eso soñamos. El recuerdo de lo vivido vuelve a nuestra memoria, en forma de imágenes, a veces curiosas, que nos sorprenden o inquietan.

230. ¿Por qué cerramos los ojos al dormir?

Cuando nos dormimos, todos nuestros músculos se relajan. Por ello, el párpado, que también es un músculo, cae sobre el ojo y lo cubre.

231. ¿Por qué no se nos caen los ojos?

El ojo está engarzado en una cavidad del cráneo, la órbita, cubierta por el párpado. Además, está unido a otras partes de la cabeza por muchos músculos que le permiten girar sin caerse.

232. ¿Por qué se mueven los párpados?

Los párpados bajan y suben para mantener los ojos húmedos y, además, para protegerlos, por ejemplo, de la luz intensa o del polvo.

233. ¿Por qué tenemos calor cuando corremos?

El calor del cuerpo lo provoca el ritmo de la respiración. Cuanto más corremos, más rápida es nuestra respiración, más nos acaloramos y sudamos más. El sudor nos refresca, pero hemos de tener cuidado con los cambios de temperatura.

234. ¿Por qué sentimos calor con ropa de abrigo?

Aunque la ropa no calienta nuestro cuerpo de manera directa, impide que se escape el calor corporal y que entre el frío exterior. Además, la ropa de invierno suele cubrir una mayor superficie corporal que la de verano, razón por la que conserva mejor el calor.

235. ¿POR QUÉ NO SENTIMOS DOLOR AL CORTARNOS LAS UÑAS O EL PELO?

Los nervios trasmiten el dolor si nos quemamos o nos cortamos. Y como las uñas y el cabello no tienen nervios, no sufrimos aunque los cortemos.

236. ¿POR QUÉ HAY HOMBRES CALVOS?

El pelo que tenían se les ha caído poco a poco y se han ido quedando calvos. La edad y algunas enfermedades hacen que el pelo se caiga. Y aunque no se sabe bien porqué, hay muchos más hombres calvos que mujeres calvas.

237. ¿POR QUÉ ALGUNOS HOMBRES LLEVAN BIGOTE?

Hay hombres que se ven favorecidos con bigote. Y, en otras ocasiones, es una cuestión de modas.
Para ello, no se afeitan el pelo que les va creciendo sobre el labio superior.

238. ¿Por qué los mayores tienen el pelo blanco?

A medida que envejecen, las personas pierden energía. El cabello se debilita, se decolora y va tomando un tono grisáceo que a veces se vuelve blanco.

239. ¿Por qué nos salen arrugas al envejecer?

Al envejecer, la piel va perdiendo vitalidad y se arruga, como les ocurre a las manzanas al secarse. Aunque hay arrugas que son producidas por ciertos gestos y pueden aparecer en personas aún jóvenes.

240. ¿Por qué los ancianos andan encorvados?

El esqueleto de algunos ancianos se ha encorvado con el paso del tiempo. El cuerpo, cansado, ya no puede mantenerse erguido y tiende a inclinarse hacia adelante.

241. ¿POR QUÉ SALEN LAS PECAS?

Nuestra piel debe su color a unos pigmentos. Y cuando hay más pigmento en unos puntos que en otros, se forman manchas. Los pigmentos se activan si la piel está mucho rato al sol: nos salen más manchas y de tonos muy intensos.

242. ¿POR QUÉ SENTIMOS EN LOS PIES UN HORMIGUEO?

Si pasamos mucho tiempo en una mala postura, las venas y arterias de las piernas se comprimen, impidiendo que la sangre fluya con normalidad.
Y al restablecerse la circulación, se provoca un picor desagradable, como si muchas hormigas nos estuvieran corriendo por los pies.

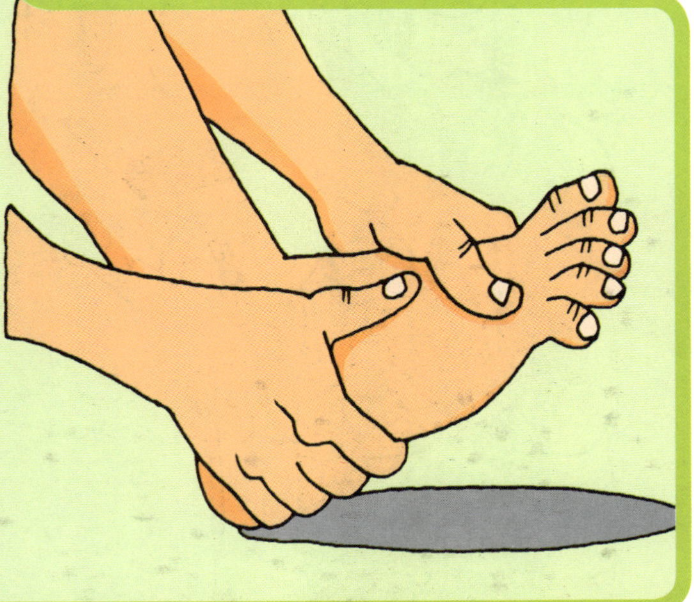

243. ¿POR QUÉ SENTIMOS VÉRTIGO?

Si nos subimos a un lugar muy alto en el que tengamos la impresión de que nos falta estabilidad, podemos sentir vértigo y notar cierta falta de equilibrio.

244. ¿POR QUÉ SE ENDURECEN LOS BRAZOS CUANDO LLEVAMOS PESO?

Como en el cuerpo hay un montón de músculos, cuando el brazo lleva un peso, estos músculos se activan. El músculo en acción se contrae y se endurece. Y al descansar se relaja. Las personas que practican deporte tienen los músculos muy desarrollados.

8

EDUCACIÓN

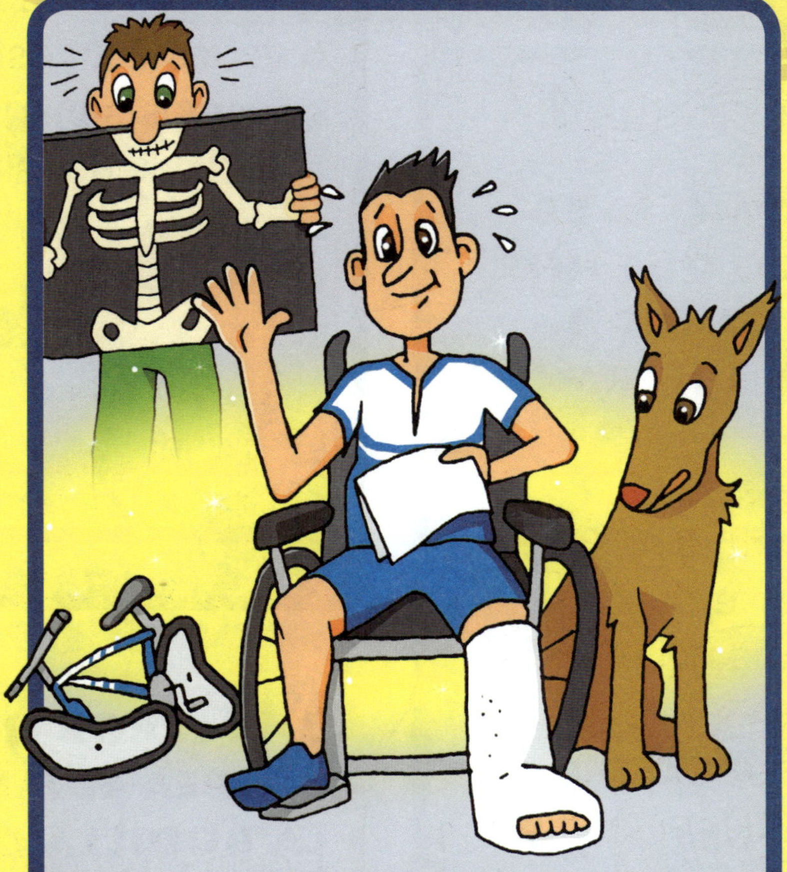

Nos lavamos las manos antes de comer, a veces nos ponemos enfermos y tiritamos con el frío. ¿Sabes por qué?

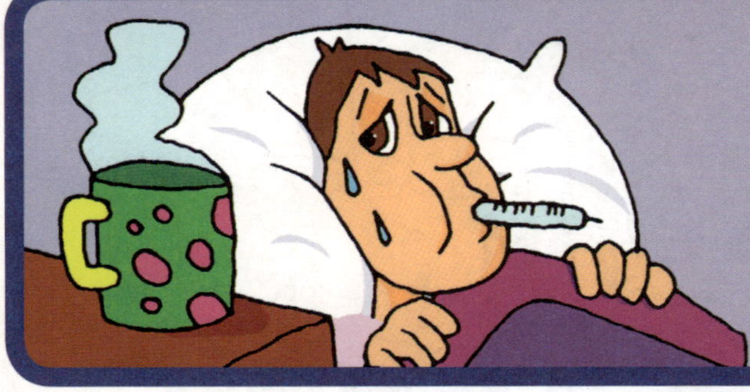

245. ¿Por qué nos ponemos enfermos?

Nuestro cuerpo funciona de un modo muy complejo. Y del mismo modo que a veces las máquinas complejas se averían o sufren algún desgaste, el cuerpo humano sufre problemas que dificultan su correcto funcionamiento: está enfermo y necesita a un médico.

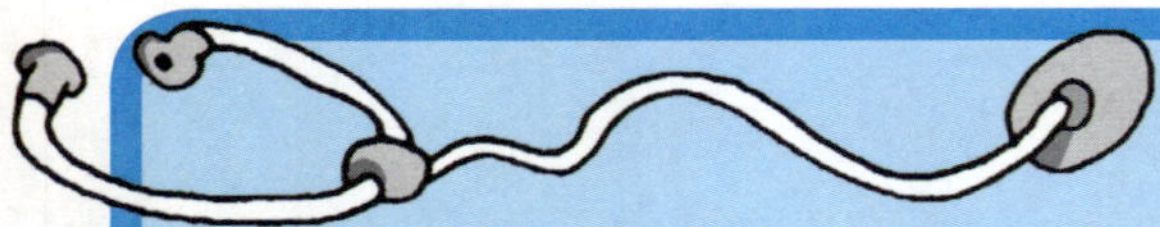

246. ¿Cómo sabe el médico qué nos ocurre cuando estamos enfermos?

Los médicos se han formado para conocer todas las enfermedades y los síntomas que las caracterizan. Al ver al enfermo, al explorarlo y al preguntarle, el médico reconoce la enfermedad y trata de curarla.

247. ¿Por qué nos golpea el médico la rodilla con un martillo?

En la rodilla hay unas terminaciones nerviosas muy rápidas. Cuando la pierna se proyecta hacia adelante tras sufrir el golpe del martillo, sabemos que el sistema nervioso funciona bien.

248. ¿POR QUÉ CONSULTA EL MÉDICO EL RELOJ CUANDO NOS TOMA EL PULSO?

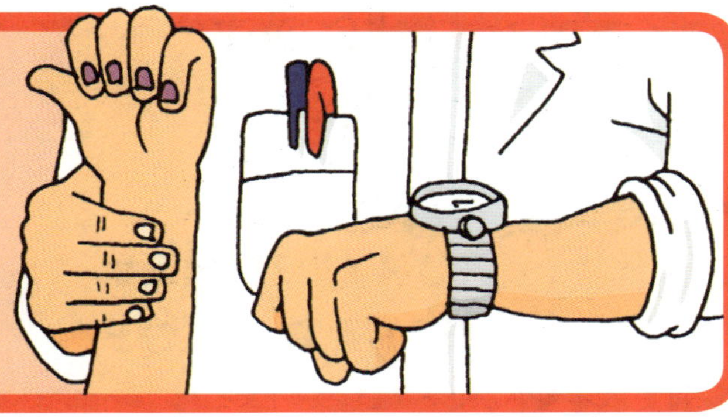

El médico apoya su dedo sobre la arteria de la muñeca para sentir los latidos del corazón. En condiciones normales, late a unos setenta latidos por minuto. Pero si tenemos fiebre, late más deprisa.

249. ¿POR QUÉ EL ABUELO PUEDE QUITARSE LOS DIENTES?

A veces, las personas mayores pierden los dientes porque les salen caries importantes, se les desgastan mucho o se les rompen. Entonces, el dentista les hace una dentadura con dientes artificiales especiales.

250. ¿POR QUÉ NOS PONEN INYECCIONES?

Cuando un medicamento se toma por vía oral, o lo que es lo mismo, por la boca, su acción es lenta. El que se inyecta hace efecto de modo mucho más rápido.

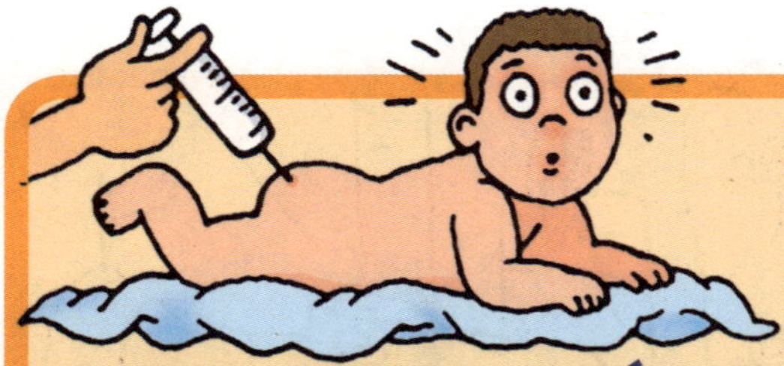

251. ¿POR QUÉ HAY QUE VACUNAR A LOS BEBÉS?

Cuando ponemos una vacuna, en realidad estamos introduciendo una enfermedad en el organismo, pero una enfermedad muy débil, con la intención de que el cuerpo aprenda a luchar contra ella y pueda curarse.

252. ¿QUÉ ES LA APENDICITIS?

La apendicitis es una dolencia producida por una inflamación en la parte inferior del intestino grueso, en el apéndice, que es una especie de bolsita. Para curarnos, un cirujano debe extraernos el apéndice.

253. ¿POR QUÉ SE VEN LOS HUESOS EN UNA RADIOGRAFÍA?

Cuando utilizamos los rayos X, es como si sacáramos una fotografía. Los rayos X son como una luz que atraviesa la carne pero no puede atravesar los huesos. Por eso se ven tan bien en la imagen radiográfica.

254. ¿CÓMO SE PUEDE SOLDAR UN HUESO ROTO?

Cuando nos rompemos un hueso, hay que volver a colocar cada parte fracturada en el sitio que le corresponde. Después, se pone un vendaje de escayola para inmovilizar la zona. Entre los trozos partidos, se va formando un callo óseo y, así, se consigue rehacer el hueso.

255. ¿POR QUÉ ECHAMOS DESINFECTANTE EN LAS HERIDAS?

En una herida pueden entrar los microbios y hacernos enfermar. Los desinfectantes nos limpian las heridas, matan a los microbios que puede haber en ellas y evitan que suframos una posible infección.

256. ¿POR QUÉ TEMEMOS A LOS MICROBIOS?

Los microbios son peligrosos, pues portan enfermedades contagiosas que pueden llegar a ser graves. Y aunque no los vemos a simple vista, el agua y el jabón acaban con ellos.

257. ¿POR QUÉ DEBEMOS LAVARNOS LAS MANOS ANTES DE COMER?

Las manos se apoyan en todas partes y tocan cosas sucias en las que hay toda clase de microbios. Cuando nos lavamos bien las manos, destruimos esos microbios y no los pasamos a los alimentos.

258. ¿POR QUÉ USAMOS JABÓN PARA LAS MANOS?

Tenemos la piel cubierta de una fina capa de grasa a la que se van adhiriendo motas de polvo de las cosas que tocamos. Y el agua jabonosa es ideal para una higiene adecuada de las manos.

259. ¿POR QUÉ ES CONVENIENTE COMER SIEMPRE A LAS MISMAS HORAS?

Debemos procurar comer siempre a horas fijas para que después de cada comida el estómago tenga tiempo de asimilar los alimentos. Además, el estómago debe descansar entre comida y comida.

260. ¿POR QUÉ CICATRIZAN LAS HERIDAS?

La sangre cuenta con lo necesario para ir cerrando los bordes de una herida. Aunque si el corte es profundo, hay que ayudar a nuestro cuerpo poniendo puntos y vendas.

261. ¿POR QUÉ PROVOCA HINCHAZÓN LA PICADURA DE UNA AVISPA?

Cuando una avispa hunde su aguijón en nuestra piel, nos inyecta un veneno. La sangre combate este veneno y la reacción nos produce hinchazón y dolor en la zona.

262. ¿POR QUÉ NOS LAVAMOS LOS OÍDOS?

El cerumen es una sustancia grasa y amarillenta que cubre y protege el fondo del oído. Retiene las motas de polvo y, al cabo de unos meses, puede formar un tapón que llega a dificultarnos la audición.

263. ¿POR QUÉ RONCA PAPÁ?

Papá ronca porque duerme en una mala postura que le impide respirar con normalidad.

264. ¿POR QUÉ TIRITAMOS?

Tiritamos cuando tenemos mucho frío. El organismo reacciona al peligro de que nos congelemos haciendo que se muevan algunos de nuestros músculos para entrar en calor.

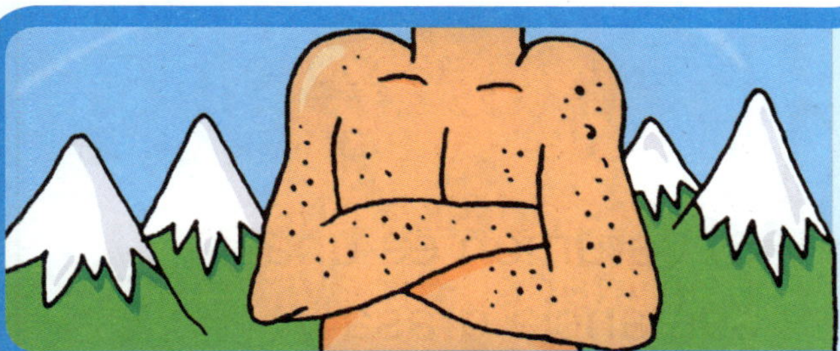

265. ¿POR QUÉ SE NOS PONE LA PIEL DE GALLINA?

Cuando sentimos frío o cierto tipo de emociones especiales, para evitar que sigamos perdiendo temperatura, el cerebro ordena a unos pequeños músculos que tenemos en la piel que se contraigan. Y al contraerse, hacen que nuestra piel tenga un aspecto semejante al de la piel de una gallina sin plumas.

266. ¿POR QUÉ NO PODEMOS RESPIRAR POR LA NARIZ CUANDO NOS RESFRIAMOS?

El resfriado es una infección de las vías respiratorias, que se hinchan y se obstruyen con la mucosidad. Al sonarnos y a medida que se cura la infección, podemos respirar mejor.

267. ¿POR QUÉ QUITA EL SUEÑO EL CAFÉ?

Para dormir necesitamos estar tranquilos y bien relajados. Aunque el café contiene cafeína, un compuesto que estimula el corazón y los músculos. Mantiene despierto al que lo necesita, pero no ayuda a quienes desean dormir.

268. ¿POR QUÉ SE TAMBALEAN LAS PERSONAS QUE HAN BEBIDO DEMASIADO?

El alcohol puede paralizar el sistema nervioso. Por ello, cuando alguien bebe demasiado no puede dominar sus movimientos. Su cerebro está confuso y desordenado y hace que se tambalee.

269. ¿POR QUÉ LLEVAMOS GAFAS?

No todos tenemos una vista perfecta. Por eso usamos gafas, para ver mejor. Aunque hay personas que, en lugar de llevar gafas, prefieren utilizar lentes de contacto o lentillas.

9 CURIOSIDADES

Algunas puertas se abren solas, nos gustan las pompas de jabón y nuestra sombra nos sigue. ¿Sabes por qué?

270. ¿POR QUÉ ALGUNAS BICIS INFANTILES TIENEN CUATRO RUEDAS?

Los niños de corta edad no saben mantener bien el equilibrio para poder montar en una bicicleta de dos ruedas. Por eso a sus bicis se les ponen unas ruedas pequeñas en la trasera. Así, pueden mantener el equilibrio.

271. ¿POR QUÉ SON TAN LARGOS LOS ESQUÍS?

Al pisar sobre un suelo blando, los tacones de los zapatos de señora se hunden profundamente, mientras que los de caballero, que son más anchos, dejan una huella mucho menos marcada. Y con los esquís ocurre lo mismo: cuanto más largos son, menos se hunden en la nieve.

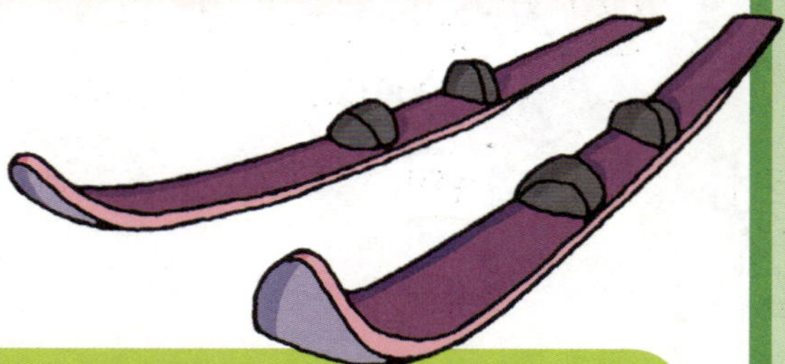

272. ¿POR QUÉ NO SE HUNDE EL ESQUIADOR ACUÁTICO?

Como la lancha motora arrastra al esquiador con tanta fuerza, lo mantiene sobre el agua sin que se hunda. Pero si la lancha se detuviera de pronto, el esquiador se hundiría.

273. ¿POR QUÉ HAY LUCES DE COLORES EN LAS VÍAS DEL TREN?

Las luces de la vía férrea son señales luminosas para el maquinista del tren: la señal verde indica vía libre y que puede continuar. Pero si la señal está roja, debe frenar inmediatamente.

274. ¿POR QUÉ A VECES LOS TRENES CAMBIAN DE VÍA?

Un tren cambia de vía para dejar paso a otro que circula a mayor velocidad o porque necesita desviarse. Los controladores realizan los cambios necesarios en la central de control de tráfico de la estación. Antes, estos cambios se hacían a mano, accionando una palanca.

275. ¿POR QUÉ ECHAMOS GASOLINA AL COCHE?

Para estar fuertes, las personas y los animales tienen que alimentarse. Y, del mismo modo, para tener la potencia que se necesita para circular, los coches necesitan gasolina. La gasolina es la fuente de energía con la que alimentamos el motor.

276. ¿POR QUÉ HAY QUE PONER CADENAS EN LOS NEUMÁTICOS CUANDO HAY NIEVE?

Si los neumáticos están muy usados, pierden el relieve que ayuda al vehículo a adherirse mejor al suelo. Y ocurre lo mismo cuando la nieve tapona los pequeños huecos de las ruedas. Al poner las cadenas, el vehículo circula mucho mejor por la nieve.

277. ¿POR QUÉ SABEN EN LA TELE EL TIEMPO QUE HARÁ?

En los centros de estudio de meteorología, los expertos analizan la fuerza y la dirección del viento y las características de las nubes. Y como el viento arrastra las nubes, los expertos pueden deducir hacía dónde irán. Y, por medio de la tele, informan al público.

278. ¿Por qué debemos ponernos el termómetro cuando estamos enfermos?

El termómetro nos indica la temperatura del cuerpo. Si sobrepasa los 37 grados, el enfermo tiene fiebre. Y así, con el termómetro, podemos ir vigilando la temperatura y controlando la evolución de la enfermedad.

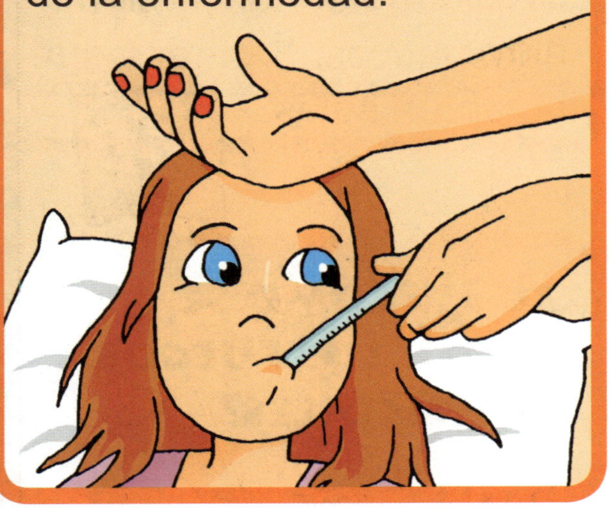

279. ¿Por qué se enciende el mechero?

En el interior del mechero puede haber gas, que sale por un agujerito, o gasolina, que empapa una mecha. Al frotar la piedra del mechero contra la ruedecilla de acero, salta una chispa que inflama el gas o la gasolina. Aunque también hay mecheros con otros mecanismos que no necesitan piedra para encenderse.

280. ¿Cómo funciona una linterna?

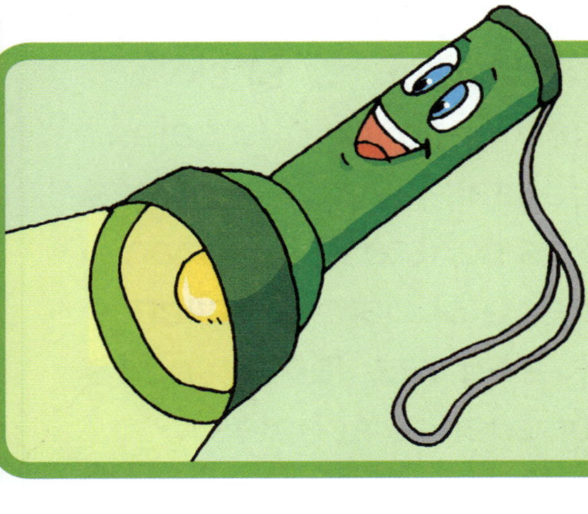

Las linternas funcionan con una pila que produce electricidad gracias a los productos químicos de que está hecha. Al encender una linterna, su energía pasa a la bombilla y la enciende.

281. ¿Por qué la moneda hace caer la chocolatina?

Todas las chocolatinas están colocadas en filas en el interior de la vitrina. Al introducir la moneda y marcar la clave correspondiente a la chocolatina que queremos, un mecanismo hace avanzar la fila de esas chocolatinas, se abre una trampilla y cae la nuestra.

282. ¿Por qué se abren solas algunas puertas?

Son puertas especiales que cuentan con un mecanismo sensor, que puede ser un rayo invisible o un sensor de movimiento, por ejemplo. En el momento en que alguien pasa ante esas puertas, el mecanismo sensor activa un pequeño motor de apertura y cierre automáticos. Y parece que se abren solas.

283. ¿Cómo se hacen los fuegos artificiales?

Se hacen con pólvora y magnesio, estroncio o cobre, de los que salen bonitas luces de colores. Los cohetes se lanzan hacia el cielo, estallan y, a su vez, lanzan otros pequeños cohetes.

284. ¿CÓMO SE FORMAN LAS POMPAS DE JABÓN?

Si soplamos en el agua, veremos que se forman pequeñas burbujas de aire. Pero si soplamos en agua jabonosa, cada burbuja queda envuelta en una fina capa de jabón y forma las pompas.

285. ¿CÓMO SE CONVIERTEN LAS ALMENDRAS EN PELADILLAS?

Para obtener las peladillas hay que meter las almendras en un recipiente muy caliente y lleno de azúcar fundido. Cuando la capa de azúcar es lo bastante espesa, las almendras se blanquean con almidón y, después, se alisan y se secan.

286. ¿Por qué se comen la ropa las polillas?

En la ropa hay fibras, un alimento ideal para los bebés polilla. Por eso las mamás polilla acostumbran a poner sus huevos en las prendas de vestir.

287. ¿Por qué se hace un remolino en el desagüe de la bañera?

El agua de la bañera se va vaciando porque la aspira el desagüe, formando un remolino que siempre gira en el sentido de las agujas del reloj.

288. ¿Por qué cae el agua de las fuentes convertida en gotitas minúsculas de agua?

El surtidor de la fuente lanza el agua con mucha fuerza hasta cierta altura. Y después, a causa de la gravedad y la resistencia del aire, el agua se separa en pequeñísimas gotas y cae como si fuera una especie de niebla.

289. ¿POR QUÉ ALGUNAS TUBERÍAS DE AGUA ESTALLAN EN INVIERNO?

Si hace mucho frío, el agua se transforma en hielo, aumenta su volumen y, como no cabe, hace estallar las tuberías. Le ocurre lo mismo que a una prenda de ropa muy ajustada que se nos ha quedado pequeña.

290. ¿POR QUÉ SE ECHA SAL EN LA NIEVE?

El hielo puede llegar a ser muy peligroso para los peatones y los coches. Por eso echamos sal en la nieve. La mezcla que se crea impide la formación de hielo, ya que el agua salada se hiela a una temperatura más baja que el agua dulce.

291. ¿POR QUÉ SE OXIDAN LAS HERRAMIENTAS?

Si dejamos expuestas las herramientas a la humedad, favorecemos la aparición de herrumbre, que es una combinación del oxígeno del aire con el hierro. Si un objeto de hierro es expuesto durante mucho tiempo al aire libre, puede acabar totalmente oxidado e inservible.

292. ¿POR QUÉ TENEMOS LA SOMBRA PEGADA A NOSOTROS?

Cuando estamos en la luz, hacemos sombra. Y al movernos, nuestra sombra nos sigue. Así pues, nosotros mismos la creamos al impedir el paso de la luz.

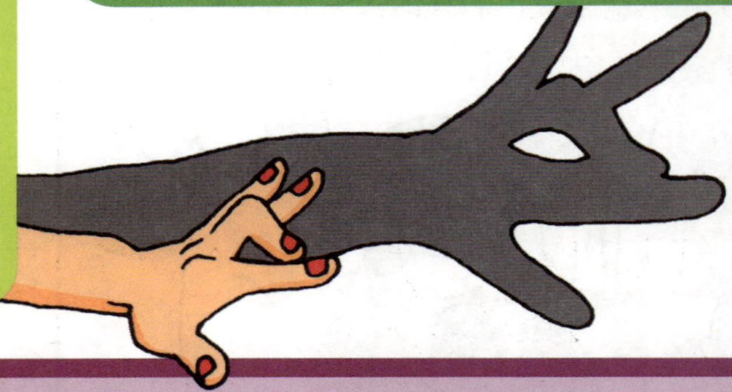

293. ¿POR QUÉ NO PODEMOS PISAR NUESTRA SOMBRA?

No podemos pisarla porque se desplaza con nosotros. Va tan rápido o tan despacio como nosotros y se detiene si nos paramos.

294. ¿CÓMO SE ESCRIBE LA MÚSICA?

La música se escribe en un pentagrama, en cinco líneas horizontales. Y como está compuesta por sonidos graves y agudos, largos y cortos, las notas se colocan según su altura, arriba, abajo o en el centro del pentagrama y se escriben teniendo en cuenta su duración. Y así, las personas que saben leer música pueden interpretar o cantar las notas que hay en el pentagrama.

295. ¿POR QUÉ SUENA LA FLAUTA?

Para que una flauta pueda emitir un sonido, soplamos y así el aire pasa por ella. El sonido suena grave en un tubo largo y muy agudo en un tubo corto. A medida que vamos tapando los agujeros de la flauta, el sonido varía y resulta más o menos agudo.

296. ¿POR QUÉ NO SE VEN LAS CORRIENTES DE AIRE?

El aire no tiene color. Si sabemos que hay corriente es porque la sentimos, la notamos en nuestro cuerpo o vemos, por ejemplo, que las cortinas se mueven.

297. ¿POR QUÉ HOY NO ES AYER?

Hoy es ahora mismo. Ayer era antes de dormir. Y cuando hayamos pasado otra noche en nuestra cama, será mañana.

298. ¿POR QUÉ HAY CIUDADES AMURALLADAS?

Hace siglos, los habitantes de las ciudades se refugiaban en el interior de los lugares amurallados para protegerse de los ataques enemigos. Desde las torres de las murallas, los centinelas vigilaban y daban la voz de alarma en caso de peligro. En la actualidad, hay ciudades que aún conservan sus murallas.

299. ¿CÓMO SE CONSTRUÍA SIN GRÚAS EN LA ANTIGÜEDAD?

Cuando aún no existían las grúas, todo tenía que cargarse a mano. Y así, los materiales se transportaban en cestos, carretillas o carros tirados por animales. Y como había cosas muy pesadas que no se podían cargar, se arrastraban sobre una base de troncos.

10 SABER MÁS

El fuego nos quema, los imanes atraen a los alfileres y el agua echa humo al hervir. ¿Sabes por qué?

300. ¿Por qué cambia de color el azúcar cuando lo calentamos?

Al igual que la madera y el carbón, el azúcar es combustible. Cuando se calienta, se dora y se transforma en caramelo. Y si se pone demasiado tiempo al fuego, arde y deja una ceniza negra.

301. ¿Por qué se disuelve el azúcar en el agua?

Si echamos azúcar en un vaso de agua, el azúcar se disuelve. Parece que ha desaparecido en el agua, pero no es así, pues al beber el agua notamos que está azucarada.

302. ¿Por qué pica el agua mineral con gas?

Unas aguas minerales no pican y otras sí. Las que pican contienen un gas que forma pequeñas burbujas, que vemos subir a la superficie en un vaso. Estas burbujas nos producen un pequeño picor en la lengua, nos hacen cosquillas y pueden irritarnos la nariz.

303. ¿POR QUÉ SE DERRAMA LA LECHE AL HERVIR?

Cuando la temperatura de la leche va subiendo, se forma una fina capa en la superficie que impide que salga el vapor. Entonces, por la fuerza del hervor, el vapor levanta esa fina capa y las burbujas que hace la leche al hervir se escapan de la olla.

304. ¿POR QUÉ PONEMOS FRUTAS Y VERDURAS EN CONSERVA?

En ciertos momentos del año recolectamos gran cantidad de frutas y verduras. Y como no podemos tomarlas todas en poco tiempo, las ponemos en conserva y las guardamos.

305. ¿Por qué se endurecen los huevos al cocerlos?

Por el calor de la cocción, la clara y la yema se van endureciendo lentamente. Y si el huevo se hierve durante muy poco tiempo, sólo se endurece la clara.

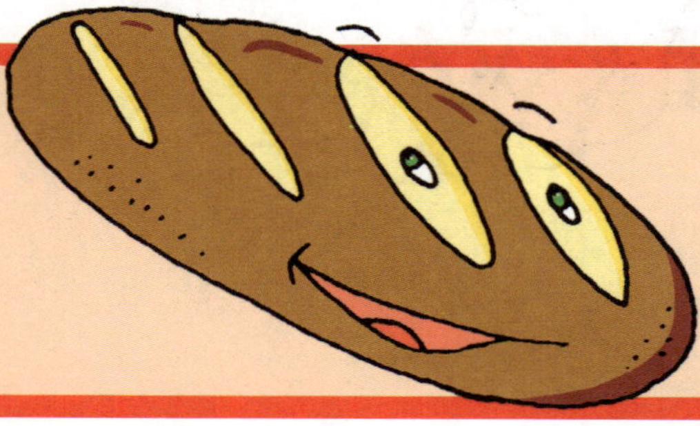

306. ¿Por qué tiene ojos el pan?

Para que la masa de pan fermente, el panadero le añade un poco de levadura. Y esta levadura crea pequeñas burbujas de gas carbónico. Con el calor del horno, las burbujas se hinchan, se hacen grandes y forman los ojos del pan.

307. ¿Por qué envasamos al vacío algunos alimentos?

Los alimentos, que se van estropeando en contacto con la luz y con el aire, se mantienen frescos durante bastante más tiempo si se envasan de modo que no queden rodeados de aire: al vacío.

308. ¿POR QUÉ SE DICE QUE UN VINO TIENE GRADOS?

No todos los vinos presentan la misma cantidad de alcohol. Un vino de once grados tiene menos alcohol que uno de trece, por ejemplo. Y esta graduación figura en la etiqueta.

309. ¿POR QUÉ NOS QUEMA EL FUEGO?

El fuego calienta todo lo que tiene alrededor. Pero nuestra piel no soporta ese calor durante mucho tiempo sin quemarse. Por eso sentimos dolor cuando nos quemamos o nos acercamos demasiado al fuego.

310. ¿POR QUÉ ARDEN EL CARBÓN Y LA MADERA?

El carbón y la madera son combustibles y están compuestos de materias que se transforman en luz y calor y dejan humo y cenizas.

311. ¿Por qué hay carbón en la Tierra?

Cuando aún no había seres humanos en la Tierra, los árboles y los helechos gigantes se fueron pudriendo, descomponiendo y mezclándose entre sí. Y con el paso del tiempo, esa mezcla se transformó en carbón.

312. ¿Por qué humea el estercolero?

El estercolero está formado por materias en descomposición y en proceso de fermentación. Y esta fermentación genera calor y humo.

313. ¿Qué son los fuegos fatuos?

La vegetación de los pantanos se pudre y se descompone, produciendo gases que se pueden inflamar en contacto con el aire. Al estallar una burbuja, se producen unas llamitas danzantes: el fuego fatuo.

314. ¿POR QUÉ EL AGUA SE PUEDE TRANSFORMAR EN HIELO?

El frío hace que el agua se endurezca, que se vaya solidificando, y la convierte en hielo. El hielo es agua sólida. Si se calienta, se derrite y se convierte otra vez en agua. Igual que se derrite un helado cuando lo exponemos al calor.

315. ¿POR QUÉ SALE HUMO CUANDO HIERVE EL AGUA?

En realidad no se trata de humo: es una nube de gotas de agua muy pequeñas.
Al salir, el vapor de agua se va enfriando en contacto con el aire y forma una especie de niebla.

316. ¿Por qué se derrama el agua si metemos una piedra en la copa?

Como la piedra cae en el lugar que ocupaba parte del agua, esta agua desplazada tiene que subir en el vaso buscando otro lugar. Y si en el vaso no hay suficiente sitio, se derrama.

317. ¿Por qué las piedras no flotan en el agua?

Las piedras pesan mucho en relación con su tamaño y el agua no puede sostenerlas. En cambio, un corcho de una caña de pescar, del mismo tamaño que una piedra, pesa mucho menos, el agua lo sostiene y puede flotar sin dificultad.

318. ¿Por qué nos sentimos más pesados al salir del agua?

Cuando nos metemos en el agua, notamos que nos sostiene y aguanta nuestro peso, como si una fuerza del fondo nos empujase hacia arriba. Pero al salir, ya nada nos sostiene y nos sentimos mucho más pesados.

319. ¿Por qué pueden sumergirse los submarinos?

Cuando una botella está vacía, puede flotar en el agua, pero se hunde cuando la llenamos. Y con un submarino ocurre algo parecido: tiene compartimentos especiales que se pueden ir llenando de agua o de aire, para que salga a la superficie o se vaya hundiendo lentamente en el mar.

320. ¿Por qué se elevan los globos?

Un globo puede elevarse si su peso es menor que la presión del aire. Si el globo se llena de un gas más ligero que el aire, se eleva como cualquier otro cuerpo muy ligero.

321. ¿Por qué cae al suelo la pelota?

Cuando un objeto es más pesado que el aire, siempre tiende a caer. Y como la pelota es más pesada que el aire, cae al suelo cuando la tiramos.

322. Si estamos en la Tierra y la Tierra gira, ¿por qué no nos caemos?

El centro de la Tierra ejerce una fuerza de atracción similar a la de un imán. Y el peso de un ser humano lo mantiene en la superficie del suelo. Por eso, para nosotros, el cielo siempre está arriba y la tierra siempre debajo.

323. ¿Por qué se inclina el ciclista en las curvas?

Si un objeto gira a gran velocidad en una curva, es atraído hacia el exterior por una fuerza poderosa. En una curva, el ciclista avanza rápidamente y también sería atraído hacia el borde de la carretera. Pero si se inclina hacia el interior, contrarresta esa fuerza.

324. ¿POR QUÉ HAY QUE ROMPER LOS DOS EXTREMOS DE UNA AMPOLLA PARA QUE SALGA EL LÍQUIDO?

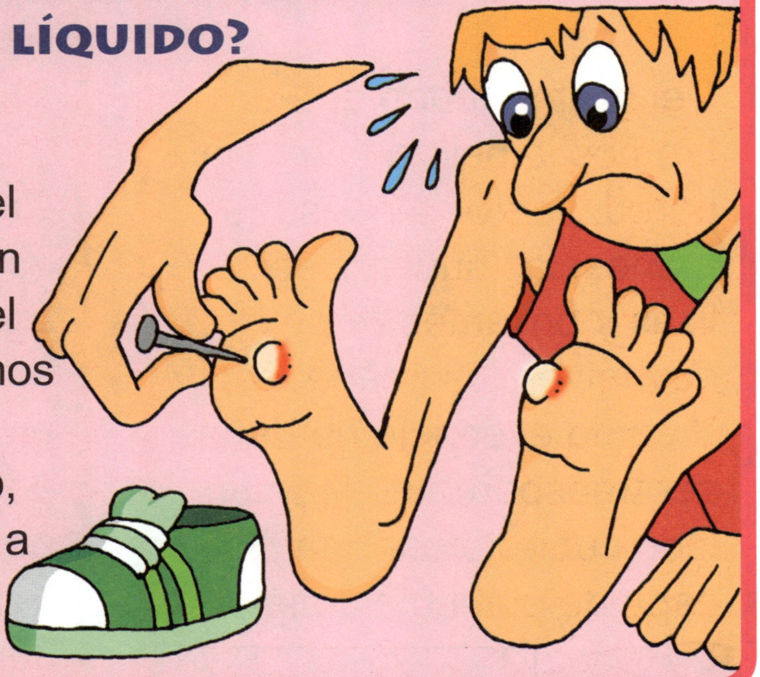

Si sólo rompemos un extremo de la ampolla, el aire actúa como un tapón y no permite que salga el líquido. Cuando rompemos el otro extremo, el aire entra y empuja el líquido, que enseguida empieza a salir.

325. ¿POR QUÉ SALTA EL TAPÓN DE LA BOTELLA DE CHAMPÁN?

El champán contiene mucho gas. Por eso burbujea y forma tanta espuma en la copa. Cuando quitamos el alambre del corcho, los gases comprimidos en la botella empujan con fuerza el tapón y, a veces, también el champán, que se sale de la botella.

326. ¿POR QUÉ NOS VEMOS EN EL ESPEJO?

Del mismo modo que si tiramos la pelota contra la pared, vuelve a nuestras manos, las superficies lisas y brillantes nos devuelven las imágenes. Y como el espejo no debe ser transparente, tiene un lado cubierto por una fina capa de plata o aluminio.

327. ¿POR QUÉ VEMOS REFLEJADA NUESTRA IMAGEN EN EL RÍO?

Como ocurre con la de un espejo, la superficie del agua es lisa y brillante y, en cierto modo, es como un espejo. Aunque para poder vernos reflejados en el agua, tenemos que inclinarnos, y al hacerlo corremos el grave peligro de caernos al agua.

328. ¿POR QUÉ NOS VEMOS AL REVÉS EN UNA CUCHARA?

La cuchara es como un espejo curvo que deforma y que invierte las imágenes. Y ocurre lo mismo si nos miramos en el faro de un coche.

329. ¿POR QUÉ LA MEZCLA DE LOS COLORES AZUL Y AMARILLO DA VERDE?

Mezclando tres colores, el amarillo, el rojo y el azul, se obtienen todos los demás. El azul y el amarillo dan verde, mientras que con el rojo y el azul se obtiene el violeta, o con el rojo y el amarillo se consigue el naranja.

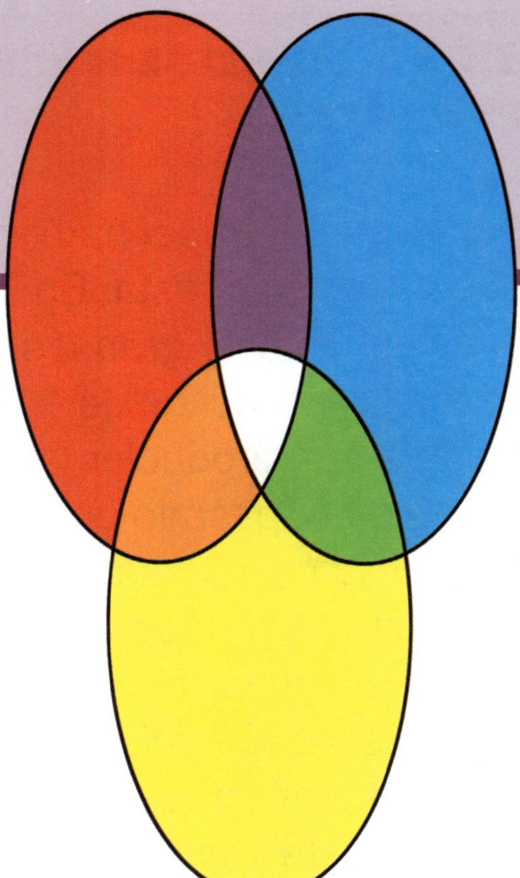

330. ¿POR QUÉ APARECEN COLORES EN LAS POMPAS DE JABÓN?

Las pompas de jabón son como un arco iris en miniatura. Y se produce porque la luz del Sol es una mezcla de todos los colores y las pompas de jabón, como un prisma, tienen la propiedad de separarlos y reflejarlos.

331. ¿CÓMO SE OBTIENE LA GASOLINA?

La gasolina se consigue refinando el petróleo bruto que se encuentra a cierta profundidad y se extrae de la tierra. Al refinar el petróleo podemos obtener otros productos como el gasoil que utlizan los motores de los coches o el que usamos en la calefacción de casa.

332. ¿CÓMO SE HACE EL PAPEL?

Para obtener papel hay que hacer una pasta. En unas cubas muy grandes, se mezclan trocitos de madera con productos químicos. Y pasado un tiempo, la mezcla se convierte en una pasta blanca y viscosa.
Y para conseguir el papel, hay que tamizar, secar y aplanar esta pasta.

333. ¿CÓMO SE HACE EL VIDRIO?

El vidrio se hace fundiendo arena. Y si se añaden cal y otros productos químicos, se puede obtener vidrio de color o vidrio transparente de alta calidad.

334. ¿CÓMO SE HACEN LOS OBJETOS DE BARRO?

El barro que se utiliza para modelar es la arcilla. Se amasa con agua y se forma una pasta con la que se pueden hacer gran variedad de objetos de uso cotidiano o decorativo. Una vez modelada, la arcilla se deja secar y se mete en el horno a temperatura elevada, con o sin colores añadidos.

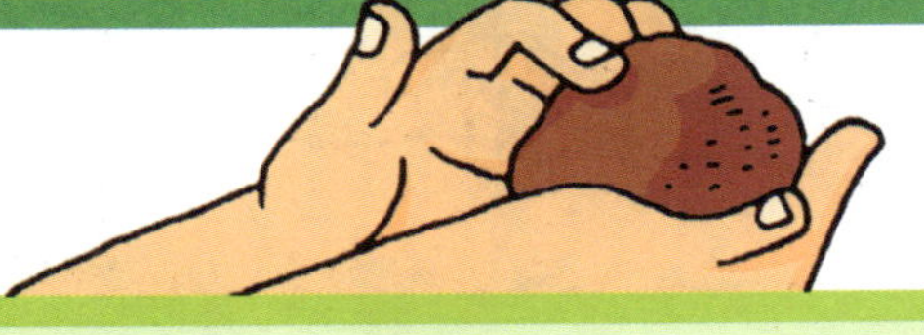

335. ¿POR QUÉ HACE VIBRAR LOS CRISTALES EL RUIDO DE LOS AVIONES?

El aire vibra por efecto del ruido y el sonido. Se agita hasta grandes distancias, con movimientos cortos y rápidos. Y así, las vibraciones que provoca un ruido intenso golpean los cristales, que también tiemblan y vibran.

336. ¿CÓMO PASA LA VOZ A TRAVÉS DEL TELÉFONO?

La voz, en realidad, no pasa por el cable telefónico: se transmite una corriente eléctrica, que lleva las vibraciones de la voz del que habla, desde el micrófono hasta el auricular del interlocutor.

337. ¿POR QUÉ HAY POSTES CON CABLES EN EL CAMPO?

Esos grandes postes sujetan los cables que transportan la electricidad, o las comunicaciones telefónicas, de una casa a otra, de una ciudad a otra, y de un país a otro.

338. ¿POR QUÉ SE ENCIENDEN LOS APARATOS QUE ENCHUFAMOS?

Al enchufar un aparato a una toma de corriente eléctrica, la corriente, que llega hasta el enchufe, pasa al cable y hace que funcione el aparato.

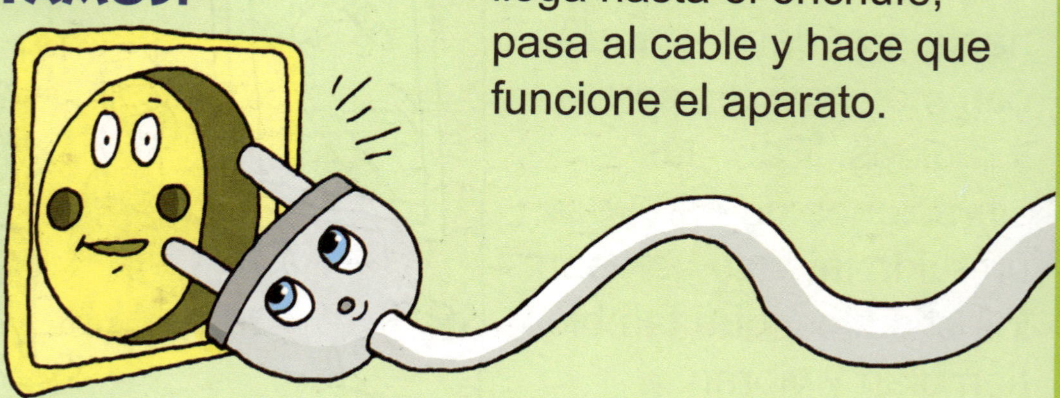

339. ¿QUÉ ES UN RADAR?

Es un aparato que emite ondas para poder llevar a cabo localizaciones y mediciones. Cuando estas ondas se encuentran con un obstáculo, rebotan como una pelota contra una pared. Y así, el retorno de esas ondas señala la presencia de algún obstáculo.

340. ¿POR QUÉ HAY PARARRAYOS?

Los pararrayos atraen los rayos, pero no de cualquier manera: los atraen y conducen su electricidad hasta el suelo, a través de un cable. Si en una tormenta cae un rayo en una casa que no tiene pararrayos, podría causarle grandes daños.

341. ¿Por qué el imán atrae los alfileres?

Hay piedras que, por su composición, presentan la curiosa propiedad de atraer el hierro y el acero de manera natural. Y los imanes que venden en las tiendas tienen esta misma propiedad.

342. ¿Por qué casi no se enfrían los líquidos calientes en el termo?

Los termos cuentan con paredes aislantes que no dejan pasar ni el calor ni el frío. Y así, el agua hirviendo que se guarda por la noche en el termo aún está caliente al día siguiente.

343. ¿Se mueven las cosas cuando no estamos?

Las cosas permanecen en el sitio en el que las dejamos. Para que cambien de sitio, tenemos que moverlas nosotros. Por eso, aunque no las veamos, siguen allí.

344. ¿POR QUÉ SE CONSTRUYEN EMBALSES?

Se hacen para aprovechar la sorprendente fuerza del agua. Una enorme masa de agua retenida por una presa puede mover las turbinas de una central eléctrica. Además, el agua embalsada se puede conducir para regar o para abastecer a los hogares, especialmente en años de sequía.

345. ¿POR QUÉ EL AGUA HACE GIRAR LA RUEDA DEL MOLINO?

El agua de un río, al moverse, genera una fuerza. Y como la rueda del molino cuenta con paletas, al caer el agua sobre una de ellas, hace girar la rueda. Dado que esto ocurre con todas las paletas, se produce un movimiento continuo.

346. ¿POR QUÉ NO SE DESBORDA NUNCA EL MAR?

El agua de las nubes va a parar a los ríos y desemboca en el mar. Y como las nubes se van formando a causa de la evaporación del agua del mar, en los mares siempre hay la misma cantidad de agua y nunca pueden desbordarse.

347. ¿DÓNDE VA A PARAR EL AGUA DE LA LLUVIA?

El agua de lluvia va a los ríos, aunque en épocas de mucho calor se evapora enseguida. También puede filtrarse en el suelo y dar origen a los manantiales.

348. ¿CÓMO LLEGA EL AGUA AL INTERIOR DE LOS POZOS?

Si el agua de lluvia se filtra en la tierra y encuentra una gran capa de suelo impermeable, se detiene y forma una bolsa de agua. Si se perfora el suelo, se llega a esa capa impermeable y se crea un pozo.

349. ¿POR QUÉ EXISTEN LAS GRUTAS?

Las grutas son cavidades producidas por el agua. En un proceso que dura mucho tiempo, en lugares de tipo calcáreo, el agua de lluvia va deshaciendo la roca y creando cavidades. Hay grutas, o cavernas, en la falda de las montañas, donde vivían los primeros seres humanos. Y también hay grutas subterráneas, las que exploran los espeleólogos.

350. ¿DE DÓNDE PROCEDEN LAS ESPONJAS?

Una esponja es un ser vivo, un animal marino invertebrado. Las que utilizamos para asearnos son el esqueleto de estos animales invertebrados. Y las esponjas artificiales se fabrican con productos plásticos.

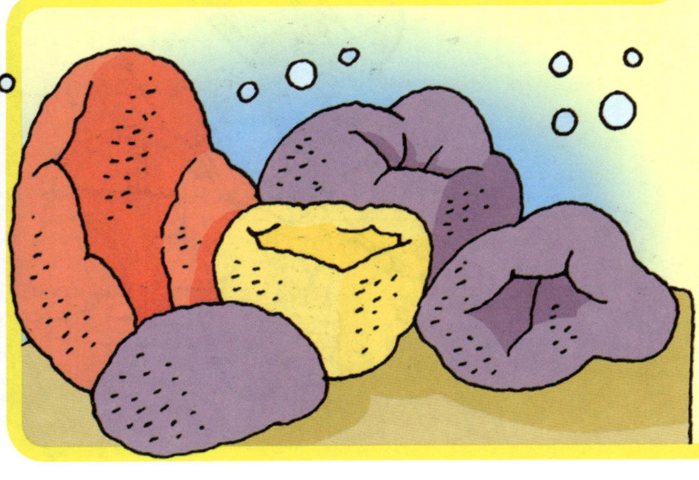

351. ¿Por qué tienen ojos las patatas?

A veces las patatas tienen unos pequeños tallos, los ojos o grillos. Y no son más que sus brotes. En primavera, estos ojos crecen y se convierten en sólidos tallos que formarán la nueva planta.

352. ¿Por qué se dice "Estar como pez en el agua"?

Los peces viven en el agua y parecen estar muy a gusto en ella. Nadan, comen y duermen, siempre sin salir del agua. Y cuando alguien utiliza esta expresión, quiere decir que nos sentimos muy bien donde estamos o con las cosas que hacemos.

353. ¿Por qué se dice "No es oro todo lo que reluce"?

Hay cosas que brillan mucho, pero no son de oro. Y esto significa que no hay que dejarse llevar por la apariencia, que puede resultar engañosa.

354. ¿Por qué se dice "En boca cerrada no entran moscas"?

Hay veces que hablamos demasiado, decimos cosas de las que podemos arrepentirnos. Aunque si una nube de moscas amenazase con entrar en nuestra boca, sin duda decidiríamos mantenerla cerrada.

355. ¿Por qué se dice "Es ágil como un mono"?

Los monos son muy ágiles y tienen una habilidad natural para saltar de rama a rama. Y cuando le decimos esto a una persona es porque su agilidad nos causa admiración.

356. ¿Por qué se dice "Soltar un gallo"?

A veces, sin darnos cuenta, nos sale una voz rara. Y nos ocurre especialmente cuando hacemos un esfuerzo al gritar o al cantar. Así, la frase se usa porque este sonido nos recuerda al que emite un gallo.

357. ¿Por qué se dice "Se le ha comido la lengua el gato"?

Cuando no sabemos responder a algo que nos preguntan, nos callamos. Y así, nos comportamos como si no tuviéramos lengua.

358. ¿Por qué se dice "Tener buen oído"?

Para ser músico o cantante hay que tener un sentido del oído sensible y bien desarrollado. Se necesita el talento de reconocer e identificar correctamente las notas musicales.

359. ¿Por qué se dice "Me estallan los oídos"?

Cuando nuestros tímpanos tienen que soportar sonidos muy violentos y repetidos, tenemos la sensación de que nos van a estallar.

360. ¿Por qué se dice "No ve más allá de su nariz"?

Hay personas que hacen las cosas sin pensar o que no son capaces de analizar las situaciones como se debe hacer. Parece que ni siquiera se dieran cuenta de lo que ocurre ante sus narices.

361. ¿Por qué se dice "Lo tengo en la punta de la lengua"?

Usamos esta frase cuando se nos ha olvidado algo que estamos a punto de decir y no lo conseguimos. Lo presentimos, como si lo tuviéramos en la punta de la lengua, a punto de salir de un momento a otro.

362. ¿Por qué se dice "Me estoy cayendo de sueño"?

Cuando tenemos mucho sueño, los ojos se nos van cerrando poco a poco y casi no vemos los objetos que nos rodean. Entonces, tenemos tanto sueño que en cualquier momento podríamos dormirnos y caernos.

363. ¿Por qué se dice "Romperse los codos estudiando"?

Al estudiar, parece que nos concentramos mejor apoyando los codos en la mesa de estudio. Y, de manera figurada, si los apoyamos mucho tiempo, casi podrían llegar a desgastarse.

364. ¿Por qué se dice "Se llevan como el perro y el gato"?

El perro y el gato no suelen ser animales amigos. Y decimos que algunas personas se llevan como el perro y el gato cuando no dejan de discutir.

365. ¿Por qué se dice "Como un elefante en una cacharrería"?

Si un elefante pudiera entrar en una cacharrería o en una cristalería, podría causar un desastre tirando y rompiendo muchas cosas. Por eso esta frase significa que una persona carece de tacto o que es demasiado impulsiva y no se comporta como debe.

366. ¿Por qué se dice "A perro flaco todo son pulgas"?

Si un perro está delgado, sucio y hambriento, es presa fácil de las pulgas, que lo hacen sufrir aún más. Por eso comparamos a las personas a las que les suceden muchas cosas malas seguidas con estos pobres perros.

367. ¿Por qué se dice "Buscarle tres pies al gato"?

Todo el mundo sabe que los gatos tienen cuatro patas. Y así, si le buscamos tres pies estamos haciendo algo absurdo e imposible.

368. ¿Por qué se dice "El hábito no hace al monje"?

Usamos esta frase cuando queremos decir que el aspecto de alguien no lo es todo. Para ser un buen profesional no basta con vestir las prendas propias de una profesión: hay que tener vocación y capacidad.
Y, por otra parte, la frase también indica que no siempre se debe confiar en el aspecto de alguien: hay personas que se disfrazan para hacerse pasar por otras.